名师名校名校长

凝聚名师共识
回应名师关怀
打造名师品牌
培育名师群体

图书馆视域下的三大素养课程设计

张颖 / 著

中国出版集团　现代出版社

图书在版编目（CIP）数据

图书馆视域下的三大素养课程设计 / 张颖著. —北京：现代出版社，2022.3

ISBN 978-7-5143-9775-8

Ⅰ.①图… Ⅱ.①张… Ⅲ.①小学—学校图书馆—研究②素质教育—课程设计—小学 Ⅳ.①G258.69②G622.0

中国版本图书馆CIP数据核字（2022）第042011号

图书馆视域下的三大素养课程设计

作　　者	张　颖	
责任编辑	张　璐	
出版发行	现代出版社	
地　　址	北京市安定门外安华里504号	
邮政编码	100011	
电　　话	010-64267325　64245264	
网　　址	www.1980xd.com	
印　　制	北京政采印刷服务有限公司	
开　　本	710mm×1000mm　1/16	
印　　张	12.5	
字　　数	200千	
版　　次	2022年3月第1版　　2022年3月第1次印刷	
书　　号	ISBN 978-7-5143-9775-8	
定　　价	58.00元	

目 录
CONTENTS

第四章 图书馆视域下的公民素养提升

第五章 图书馆视域下的人文素养提升

第一章

综　述

图书馆多元丰富，独具迷人的文化灵性与专业高度，除却供给休憩、阅读、学习以外，更是快时代之下学生的精神港湾。近年来，随着教育教学的不断发展与新课程改革的日益深入，学校图书馆育人功能更加突出，面向未来，学习方式的多样化演进，没有围墙的教室在各个场所发生。所以，真正的教育不仅要教会学生学科知识，还要让学生知道在什么地方能找到所需要的知识和信息。作为学校教学资源中心、信息中心、学习中心，图书馆是学习这项技能的最佳课堂，开发实施图书馆课程必要且必需。

　　2009年起，我校以"精讲博读"课改实验促进了"全阅读"课程的构建与实施，成为区"全阅读"活动的领军学校。我校有以全员、全科、全程为阅读主线的全阅读的基因。2016年6月1日，我校"儿童图书馆"开馆，这是我校所在区第一所开放式图书馆。它具有四个特征：①环境布置梦幻；②图书馆没有门禁，师生可自由到馆内借阅、阅读；③馆藏5万余册图书，其中馆藏经典绘本1000余册，学生原创校内刊发绘本500余册；④馆场管理全部由学生自主完成。

　　基于前期阅读研究基础与图书馆物质、空间资源，研究者思考如何将阅读课程做得扎实、有效、深入，结合学校各项工作，营造一种"图书馆里的学校"文化氛围。同时，学校构建课程组，为学生提供丰富的、可选择的特色课程，培养学生终身学习的能力，努力使之成为全面发展的合格公民。

　　经过研究团队的反复论证，"图书馆课程"应运而生。

第一节　图书馆在学习型社会中的作用

一、学习型社会的兴起

20世纪60年代，兴起了以信息技术为核心的新技术革命，从而带动知识经济迅速崛起，人类社会开始从工业社会向知识社会转变。这种巨大的转变正在影响和改变着人类的生产、工作与生活，同样影响和改变着人类的学习方式。学习型社会的理念就是在这种深刻的社会变革中提出的。学习型社会是信息社会和知识经济的产物，它彻底冲破了教育等于学校学习、等于被动接受教育的陈旧观念，使学习者和教育的关系发生了根本的变化。

学习型社会也称学习化社会，是法国的埃德加·富尔于1972年首先提出的，在20世纪70年代初，联合国教科文组织就明确提出创造学习型社会的目标。党的十六大提出了"形成全民学习、终身学习的学习型社会"，也是提出全面建设小康社会教育目标的重要组成部分。党的十七大提出了"要发展继续教育，建设全民学习、终身学习的学习型社会"的战略任务。这是在总结过去五年取得的巨大成就的基础上提出的更高要求和目标。它是科学技术、经济、文化和社会高度发展的必然要求，不仅直接关系到我国全面建设小康社会和社会主义现代化目标的实现，也对现行的教育体制与人才培养观念提出了挑战和更高的要求，必将推动我国教育文化事业的革命性改革。可见，创建学习型社会是整个时代发展的迫切要求。

联合国教科文组织认为：学习化社会是"一个教育与社会、政治与经济组织（包括家庭单位和公民生活）密切交织的过程"，是把教育功能扩充到整个社会的各个方面，它使"每一个公民享有在任何情况下都可以自由取得学习，训练和培养自己的各种手段"。有学者认为：学习型社会"就是整个国民人人、时时、处处都要学习，学习新知识和新技术，学习生存和发展的本领"。中国台湾学者胡梦鲸认为：学习型社会是一个基于终身教育体系、以学习者为中心、人人终身学习的理想社会。由此可见，学习型社会是一个面向全社会所有人通过法律和制度的保障，提供充分的形式、多样的学习机会，让学习超越时空，始终融汇于生产工作、生活，使人学会知识，学会做事，学会共同生活，学会生存，不断创新促进可持续发展的社会。

二、学习型社会推动学习型图书馆

学习型社会是社会组织以学习为工作方式和生产方式的社会。从学习型社会的特点出发，要求图书馆加强教育职能，在终身教育体系中发挥更大的作用。从学习型社会的基本概念出发，学习型图书馆最基本的特征是平等性、终身性和自主性。图书馆要进一步更新办馆理念，真正将以图书馆为主体转变为以读者为主体，使广大读者既能在图书馆充分享有自主借阅的自由，同时也让他们参与到图书馆的建设和服务中来，使之能够真正体现读者的意愿。

三、图书馆在学习型社会中的重要作用

（1）图书馆作为社会、科学、文化教育机构，不仅是学习型社会重要的资源条件，也是学习型社会的重要环节，是构成学习型社会不可或缺的一部分，在未来的学习型社会中发挥着重要作用。

学习型社会是一个终身学习的社会。在知识经济时代，只有终身学习，才能跟上时代发展的步伐。终身学习已迫在眉睫地摆在社会每个成员面前。图书馆为各年龄段的人提供了终身学习的平台。

图书馆的开放性有助于形成"全民学习"的氛围。学习型社会是一个人人学习的社会，它强调每个社会成员都必须学习。图书馆为不同阶层和行业的人提供公共服务。图书馆还为弱势群体和特殊群体提供有针对性的特殊服务，提高他们的综合素质和社会竞争力。

图书馆丰富的资源符合学习型社会的需要。学习型社会强调，学习内容极其广泛，所有有利于社会成员全面发展的知识和技能都是学习内容。图书馆作

为社会知识和信息的宝库，集古今中外、天文地理等于一身，图书馆的宣传为建设学习型社会提供了条件和保障。图书馆作为社会科学、文化和教育机构，是上层建筑的一部分，属于国家支持的公共设施和公益事业。它致力于向公众提供广泛的知识和信息，并为社会发展提供精神动力和智力支持。它具有显著的宣传性，可以被人们充分利用，为个人和社会的发展创造条件，在创建学习型社会中发挥着重要作用。

（2）学校图书馆的功能更聚焦，它是学校的书刊资料中心，是为学校教育、教学和教育研究服务的机构，图书馆工作必须贯彻国家的教育方针，利用书刊资料对学生进行思想政治品德、文化科学知识等方面的教育。由此可见，学校图书馆是学校重要的教育机构，它除了图书的借还以及为广大师生教学和科研服务的职能外，也是对学生进行思想品德教育的一个必不可少的重要机构，要管理育人，图书育人，为提高整个民族的素质及下一代的健康成长做出它应有的贡献。图书馆既要向学生广泛宣传图书，指导他们阅读各种书刊，又要为教师的教学提供各种参考资料。

（3）小学图书馆是培养学生的自学能力、提高学生的科学文化素质的重要场所。利用图书馆可以开展课外阅读活动，有利于培养小学生的创新能力；利用图书馆可以进行课外阅读指导，有利于提高小学生的道德素质。小学利用图书馆，可以全面提高学生的综合素质。随着教育改革的深入和中小学全面素质教育的实施，旧的"填鸭式"教学方式已经被时代所抛弃。在小学教学中，教师简化和压缩课堂教学内容，给学生以更多的思考时间，同时也对学生的知识提出了更高的要求。为了适应时代的要求，学生必须不断学习、丰富和更新自己的知识。学生在课堂上学习的知识只是所有知识的一小部分，而大部分知识都依赖自主学习。尽管网络可能是学生获取课外知识的主要途径，但图书馆作为学生获取课外知识的传统方式，其作用仍不可替代。图书馆是学生自主学习的重要场所，是学校课堂的延伸和深化。它可以为学生提供不同的文献信息资源和精神食粮。另外，它对提升小学校园的文化、陶冶学生的情操、全面提升小学生素质起着特殊的作用。

四、图书馆课程开发的必要性

世界教育创新峰会和北京师范大学中国教育创新研究院2016年共同发布的《面向未来：21世纪核心素养教育的全球经验》报告中指出，未来公民的核心素养包括语言素养、信息素养、批判性思维、创造性与问题解决、学会学习与终身学习等素养。培养学生需要具备的核心素养，以便更好地满足未来的工作与生活的需求，满足个体的幸福发展和社会进步的需求，迫在眉睫。

要实施核心素养，必须有相应的课程作为载体。因此，开发核心素养课程的重要性日益突出。我们在不断地思考，如何找到培养核心素养的最佳课堂。朱永新教授说："一个人的精神发育史实质上就是一个人的阅读史，一个民族的精神境界，在很大程度上取决于全民族的阅读水平。"书在人的成长中起着至关重要的作用。近年来，随着教育教学的不断发展与新课程改革的日益深入，学校图书馆育人功能更加突出，面向未来，学习方式的多样化演进，没有围墙的教室在各个场所发生。所以，真正优秀的教育不仅应该教授学生学科知识，还应该让学生知道在哪里可以找到他们需要的知识和信息。作为学校的教学资源中心、信息中心和学习中心，图书馆是学习这项技能的最佳教室。因此开发实施图书馆课程必要且必需。

参考文献

［1］李宁君.图书馆核心价值的再认识［J］.技术与市场，2007（10）.

［2］唐洁琼.知识经济时代建设学习型社会与图书馆的作用［J］.衡阳师范学院学报，2009（5）.

［3］丁瑾.图书馆在创建学习型社会中的重要作用［J］.科技情报开发与经济，2006（8）.

［4］沈亚英.图书馆在提高学生素质及教学方面的作用［J］.民营科技，2013（9）.

［5］章能.面向21世纪核心素养的中小学图书馆课程开发的探索和实践［J］.中国现代教育装备，2020（4）.

第二节 小学图书馆利用现状及课程开发依据

小学图书馆是学校的文献、信息中心，是为教育教学服务的关键机构；在小学的校园文化建设和学生成长的过程中发挥着极其重要的作用，但是在实际的教育过程中，图书馆的利用价值并没有得到充分的发挥。由于国家投入不足、人们认识水平有限、图书馆自身发展的局限、网络的影响、新的"无用阅读理论"等不利因素，终身学习和学习的社会化还没有达到我们想要的水平。小学图书馆面临资金紧张、图书更新滞后、读者借阅量下降等问题。另外，因为上涨的书价、便捷的网络等减少了读者对阅读的需要，部分读者逐渐在远离图书馆，而更倾向于电子阅读。

研究者观察所在学校图书馆发现：

现象之一：研究者所在学校图书馆藏书5万余册，一直是学校最为亮丽的文化景观。然而，亮丽的外观并没有让它真正成为学科学习的资源站，虽然是开放式的图书馆，但是利用率不高，所以充分利用图书馆课程将会增加它的使用率，充分发挥其价值。

现象之二：学校的图书馆应成为资源中心、学习中心和协作中心，但是就目前的情况来说，学校图书馆所承载的功能不足，而且形式单一。

现象之三：在学生的核心素养中，信息素养较弱，图书馆正是练习这项技能的最佳课堂。

总之，当下学校图书馆所承载的功能不足，而且形式单一，利用率不高。作为学校教学资源中心、信息中心、学习中心，开发、实施图书馆课程必要且必需。

研究者以"图书馆课程"以及"小学图书馆课程"等相关语词作为关键

词，在"CNKI中国期刊全文数据库"中对2000年到2021年的相关研究进行检索，共检索到论文195篇。其中，具有代表性的研究成果如下。

（1）江苏南京双唐小学在《中小学图书情报世界》发表的《21世纪基础教育改革与小学图书馆课程的开设》中论述：现代课程体系必须符合人的成长规律，适应社会主义发展和学生自身成长的需要；小学图书馆课程的培养目标和教学内容完全适应21世纪基础教育改革的需要。小学图书馆课程便于形成小学生的图书馆意识，培养他们利用图书馆的能力，有利于小学图书馆自身的发展；适应小学生自身发展的需求，是实现人终身发展的基础。以上课程的特点决定了它对于全面实施素质教育必然具有重要作用。

（2）杭州学军中学赵应在《学校图书馆课程资源的现状及开发》中详细论述了学校图书馆在课程资源开发中的作用。目前，学校图书馆课程资源薄弱现象严重，学校图书馆课程资源的开发方法也不尽相同。他写到，学校图书馆是学校所有学科的重要课程资源。新课程标准提出了"培养学生高尚的道德情操和健康的审美情趣，形成正确的价值观和积极的人生态度"的要求。学生素质的形成和能力的提高都需要开阔的视野、开放的思维和创新的精神。这些仅仅依靠课堂教材是远远不够的，而图书馆丰富的资源提供了大量的教材，是综合性学习的载体。但是图书馆面临学校重视不足，馆藏图书资源匮乏，缺乏图书馆课程实施的课时保障等困难。文章中也提及了如何合理开发图书馆资源，如加强领导重视、强化教师资源开发的意识以及开发馆外资源，但论述内容较少。

（3）《中小学管理》期刊刊载的北京教育学院邢素丽和北京丰台实验学校罗琳联合发表的《中小学图书馆课程：培育学生综合素养》提到，中小学图书馆课程的开发与实践是培养学生核心素养的重要途径。北京教育学院图书馆与北京海淀实验小学、北京丰台实验学校合作，共同开发建设中小学图书馆课程，并将其纳入学科实践活动课程和综合实践活动课程范畴，取得了良好的教育教学效果。中小学图书馆课程的开发与实践是培养学生核心素养的重要途径。

（4）上海华东师范大学双语学院图书馆员张能在《面向21世纪核心素养的中小学图书馆课程开发的探索和实践》中明确表示，为了适应时代发展的要求，图书馆应充分利用自身优势，以此为契机，开发一套面向21世纪中小学生的图书馆课程，以实现其教育使命，提高图书馆在基础教育领域的地位。张馆长从课程目标、内容设计、评价方法、实践反馈四个方面对中小学图书馆课程教学模式进行了探索与实践。

（5）福建厦门外国语学校石狮分校附属小学蔡婉聪在《教书育人》期刊上发表了《书香润元阅然成风——"阅然"开放性图书馆课程构建的实践研究》。基于"风美"课程体系的整体建构及学校环境现状、师生培养目标，学校创建了"阅然"开放性图书馆课程，重点从课程内容、课程设置、课程评价等方面进行实践研究，使师生养成良好的阅读习惯，从而提高自身的核心素养。

2015年5月20日，教育部、文化和旅游部、国家广播电视总局以教基一〔2015〕2号印发《关于加强新时期中小学图书馆建设与应用工作的意见》。该意见中提出要充分发挥图书馆的育人作用，推动图书馆与学科教学有效结合，形成教学资源，推动学术社会建设。

综合来看，与"小学图书馆课程"相关的已有研究成果较丰富，在以下问题上已经达成共识，为小学图书馆课程的进一步研究奠定了良好基础。

（1）随着学校硬件设施的不断完善，小学图书馆课程建设引起了社会的重视，从理论政策到整体规划都已做了相关研究和论述。

（2）图书馆课程已成为当下培养学生核心素养的重要课程之一，可以借之提高学生的学习力和创造力，塑造未来需要的综合性人才。同时图书馆课程具有较强的专业性和实践性，这使图书馆的地位和价值在小学课程开设中得到重塑。

（3）图书馆课程的形式也日益丰富，特别是阅读素养课程、信息素养课程的建设成为当下小学图书馆课程的常态。

但是，已有研究在以下问题的研究上还比较薄弱，行之有效的图书馆课程实施策略还没有得到推广，需要开展进一步研究。

（1）大部分研究在肯定图书馆课程开发的意义和价值的同时，课程开发的思路不够开阔，对课程实施的场域进行了固化处理，即图书馆课程发源地是图书馆，发生地也是图书馆，课程实施的外延相对封闭。

（2）在小学图书馆课程中，课程内容的开发缺乏系统性和序列化，过分注重阅读素养的提升单一内容，在通过课程全面培养学生的信息素养和公民素养上用力不够。课程实施中对教材这一实施媒介开发比较少，对课时设置和教学活动没有做到有效的保障。

（3）已有的研究成果对学校图书馆课程开发与校内、校外资源的联系不够，对校内和校外资源的开发与使用没有给出有效的策略。学校图书馆课程的开设，需要研究适合本校实际的有效策略。

参考文献

蔡婉聪.书香润元阅然成风——"阅然"开放性图书馆课程构建的实践研究[J].教书育人，2020（4）.

第三节 小学图书馆及图书馆课程的内涵

图书馆是一种内涵深厚的文化，这种文化是由过去、现在、未来三者递进、传承而向上发展的，由物（馆舍）、人（馆员—读者）、神（馆藏文献所承载的智慧与精神）三者融合、辉映而拱立。它是社会教育的主体。有人曾说，今天的图书馆不再是一个藏书的地方，而是一个教育机构。有人曾说：学校里没有专门的教育，校外有很多机构，首先是图书馆。联合国教科文组织的"公共图书馆建议"宣称，公共图书馆为个人和社会团体提供了开展终身教育、独立决策和文化发展的基本条件。它们的主要任务包括支持个人和自学教育以及各级正规教育，促进科学成就和科技创新。因此，现代图书馆从诞生之日起就肩负着重要的教育职能，被誉为"终身教育学校"和"无墙的大学"，在人类文明进步中发挥着不可替代的作用。

在新课程体系中，中小学图书馆的地位发生了根本性变化——从简单的藏书机构到重要的课程资源，课程资源是决定新课程改革成败的制约因素。由此可见，中小学图书馆不是远离新课程的"休闲"场所，而是与新课程改革密切相关的重要课程资源。

小学图书馆课程是小学开展课程研究和学校内涵发展的重要途径之一，它是集知识学习、活动体验、项目式学习等于一身的融合课程。本研究正是试图从本校开放式儿童图书馆这一优势出发，在实现学校图书馆功能最大化的同时，突破图书馆这个场域的局限，结合学校书香校园活动的纵深发展，打造泛在立体阅读空间和体验，运用行动研究的方法，培养学生的语言素养、阅读素养、信息素养、批判性思维、问题解决能力以及终身学习的能力，以使其更好地适应21世纪的工作与生活。

这里的小学图书馆课程是利用儿童图书馆资源与空间，开发聚焦阅读素养、信息素养、公民素养三大课程，以课程化、项目化学习的方式完成课程实施，让图书馆成为师生的学习中心、协作中心和资源共享中心，打造"图书馆中的学校"课程氛围。旨在培养学生终身学习的能力；旨在激发学生阅读兴趣、培养学生阅读习惯、提高学生阅读素养，带动学生收集、整理、推介为主的信息素养能力，提升以自主、自律、参与为主的公民素养，同时提高教师课程开发与研究的能力。

一、构建图书馆"阅读素养课程"，助力阅读素养发展

阅读素养课程以培养学生科学精神和人文底蕴为主要内容。

（1）与语文学科融合开展低年级绘本阅读课，中高年级整本书阅读。

（2）多学科协作，开展项目式学习活动。

（3）借助图书馆资源，提高教师指导和推广儿童阅读的水平。

二、构建图书馆"信息素养课程"，助力信息素养发展

信息课程以培养学生技术学习和信息运用为主要内容。

（1）针对不同年龄阶段学生制定相应的信息素养培养目标。

（2）使学生掌握常见的信息技术，学会获取、处理信息的方法，并运用获得的信息。

（3）使学生评估信息的可靠性，符合道德且负责任地使用和提供信息。

（4）使学生获得终身学习的基本技能。

三、构建图书馆"公民素养课程"，助力公民素养提升

公民素养课程以提高学生的自主管理能力和社会责任为主要内容。

（1）借助学校德育品牌"原样交接""自主管理"进行图书馆的管理与利用。

（2）创新管理模式，打造"全开放图书馆"，落实"处处都是图书馆"理念，使图书馆利用实现最优化。

（3）定期开展图书馆入馆教育、展示活动，促进文化传播。

（4）积极寻求社会公共图书馆资源、书店合作。

这里的阅读素养培养是以课标和教材为主课堂延伸至图书馆，拓展到图书馆环境中的信息素养习得，其间阅读又促进了学生社会法治、道德观念与传统文化的素养浸润和提升。基于阅读素养，延伸到信息素养和公民素养，从而体现语文学习以语言素养学习带动信息素养并生成人文素养。

参考文献

[1] 吴齐，赵青，祁宁.浅析高校图书馆"jing"文化建设［J］.沈阳建筑大学学报（社会科学版），2008（2）.

[2] 韦忠明.从文献计量学视角看我国中小学图书馆的研究和发展［J］.科技情报开发与经济，2008（14）.

[3] 章能.面向21世纪核心素养的中小学图书馆课程开发的探索和实践［J］.中国现代教育装备，2020（4）.

第四节　小学图书馆课程实施的路径

一、追根求源，明确图书馆课程的意义

1. 精准调研，全面了解图书馆使用现状与学生阅读现状

组织各学科通过抽样问卷调查、走访调查等方式，分别从阅读兴趣、阅读习惯、阅读方法、阅读量、阅读书目等方面调查了解学生的阅读现状。

2. 问题梳理，开展提高图书馆利用率与提升学生素养策略的大讨论

围绕"提高图书馆利用率"和"提高师生素养"两大主题展开讨论，明晰了图书馆课程的终极目标：学会学习，学会做人。

为了增强课程的深度与广度，课程团队首先收集资料。通过广泛查阅文献资料，对资料进行分类归纳整理，为本课程研究提供理论依据，进而更准确地把握研究的方向及重点，并申报市级课题"小学图书馆课程构建与实施的研究"。利用问卷调查法重点调查图书馆利用率及阅读兴趣、阅读习惯、阅读方法、阅读水平、检索处理利用信息的能力、图书馆管理现状等。之后，研究者细化目标与任务，制订研究计划与实践方案，并以行动研究为主要研究方式，根据前期课程设计，选择适当的群体实施。对实践中发现的问题与收获，交流研讨，梳理在课程设计上存在的问题，并跟进分析，及时调整，完善、修改图书馆课程体系。

3. 科学定位，确定图书馆课程构建与实施的研究方向

研究者以培养学生的阅读素养、信息素养、公民素养三大素养为目标，让图书馆成为师生的学习中心、协作中心和资源共享中心。主要研究以下内容：

构建图书馆"阅读素养课程"，助力阅读素养发展。

构建图书馆"信息素养课程"，助力信息素养发展。

构建图书馆"公民素养课程"，助力公民素养提升。

二、探索图书馆课程的实施路径

围绕图书馆课程，积极搭建阅读素养、信息素养和公民素养实施路径，以专题研究为主，促进项目化研究；以丰富多彩的活动，给予师生展示的平台。

（一）依托专题研究，提升学生阅读素养

1. 整本书阅读教学研究

项目组依据学科特点、基于学情，选择阅读书目进行班级图书漂流。在整本书阅读研究中，结合教材中的语文要素和课标要求，课程确立了低年级进行绘本阅读教学，中年级进行儿童文学作品阅读教学，高年级进行名著阅读教学。同时，教师开发了读前推荐、读中推进、读后启智三大课型。为提高学生阅读兴趣和夯实阅读效果，设计了趣味性强的特色作业和阅读题库。其间开发了结合课标和国家课程的不同学段的电影课程，让学生在充分阅读书籍的同时进行立体阅读，感受影视作品带给自己的不同魅力。

2. 绘本阅读教学研究

在整本书阅读教学研究中，又依据绘本特点和学情，按照与国家课程相结合、与教材相结合的原则，开展了阅读和体验活动，解决了教学过程中学生形象思维向抽象思维转变中存在的问题，克服了以记忆为主、忽略思维发展的传统课堂中的弊端，将定性评价和定量评价相结合，摸索出了"读—演—创—展—写"绘本教学模式。

3. 开展多样化的阅读活动，给予学生展示阅读素养的平台

"寻找长兴最美声音""当音乐遇到经典""我爱你汉字""读书嘉年华""童声书韵""作家面对面""数学趣味故事比赛""赋予孩子读写的力量""我为绘本做代言"等阅读实践活动，让阅读素养融入学生的生活，激发了学生阅读的兴趣，提升了思维的活力和广度。

（二）借助图书馆资源，提升学生信息素养

基于培养学生收集、整合、推介信息能力的需要，利用图书馆海量的信息资源，最终达到创造和交流知识的目的。引导学生开启图书分类、信息检索、

Office软件使用等小课题研究，培养学生能够判断什么时候需要信息，需要什么信息，能识别所需要的信息，知道如何找寻、评估信息的质量、存储和检索信息，以及有效使用信息、应用信息的能力。最终达到创造和交流知识的目的，从而提升学生的信息素养。

（三）依靠活动，助力学生公民素养提升

基于培养学生自律行为、自主习惯及参与意识的需要，借助学校少先大队开展图书馆自主管理、图书馆爱心岗招募等实践活动，让学生懂礼仪、会管理、有责任、能担当，催生了图书馆自主管理课程。在图书馆自主管理中实行班级轮值制、馆长竞聘制，负责图书借阅、新书上架、发布，旧书修补、整理，图书打榜推荐、读书交流等活动，在管理过程中，学生分工协作，主动与他人沟通交流。

研究者以图书馆为辐射原点，通过学生把学校、家长、社区、社会连接起来。学生定期到新华书店开展"享绘乐"活动，把校图书馆馆藏的经典绘本和学生自创的绘本推介到社会，带动更多的人加入阅读的行列中，培养了学生的社会参与意识。

研究者本着"读万卷书，行万里路"的指导思想，将阅读与研学相融合，开展了"背着课本游天下"研学活动，开发了中年级书香研学专线，实现了读中行、行中读，不断提升学生的三大素养。

第五节　小学图书馆课程实施的效果

　　研究者通过构建图书馆阅读素养、信息素养、公民素养三大课程，以全阅读项目为依托，"全科、全程、全员"开展阅读活动，营造浓郁的书香氛围。研究者结合各学科特点精心挑选书籍，设计读书课程与活动，引导学生乐读、会读、善读。积极联合家庭、社区、新华书店等机构开展丰富多彩的读书活动，让读书从学生走向家庭、走向社区，让书香一路蔓延，取得了良好的效果。同时，借助学校少先队组织开展图书馆自主管理，结合学校劳动教育课程开展图书馆爱心岗招募等活动，让学生真正成为学校的主人。学校开展了一系列活动：学生自主管理图书馆，图书馆文化研究，《西游记》小课题研究，走近名人活动（曹文轩、沈石溪、法布尔、鲁迅、周恩来等），赋予孩子读写力量（亲子篇、教师篇），个人专场，原创绘本大赛，绘本达人分享，原创绘本发布会等。

　　学校图书馆是学校教育资源建设的重要组成部分，是实施新课程改革的重要条件。因此，学校图书馆的教育功能越来越重要，也是摆在学校图书馆员面前亟待解决的问题。对于学校图书馆在课程资源开发中的作用，随着新课程观和大课程观的形成，人们知识到教科书或课堂教学不再是唯一的课程资源。学校图书馆是学校各学科的重要课程资源。以汉语学科为例，《基础教育课程改革纲要（试行）》规定图书馆的文献和视听资料为"教学设备"，配备教学辅助材料，为教学服务。新的语文课程标准将使图书馆成为语文课程资源的一种形式，服务于课程实施，服务于教师的教学和学生的课内外学习。同样，其他学科对学校图书馆的重要性也相应地反映出来。学校图书馆拥有优美的建筑和阅读空间，文化氛围良好；配备各种图书、报刊、多媒体视听资料，为教师教学和学生学习提供良好的环境与氛围，同时优化教育资源配置。过去过于重视教师的教，而现在新课程必须注重学生的成长和各方面能力的提高。新课程标准提出"培养学生高尚的道德情操和健康的审美情趣，能形成正确的价值观和积极的人生态度"。无论是学生素质的形成还是能力的提高，都需要开阔的视野、开放的思维和创新的精神。这些仅仅依靠课堂教材是远远不够的，而图书馆丰富的课程资源提供了大量的教材，是综合性学习的载体。

总之，图书馆环境是自主阅读和主动建构知识能力与生发人文精神的理想平台。图书馆课程资源让学生的语言素养通过阅读素养提升，阅读素养再带领学生信息素养的提高，从而生成人文素养。

参考文献

赵应. 学校图书馆课程资源的现状及开发 ［J］. 图书馆研究与工作，2009（3）.

第 二 章

图书馆视域下的
阅读素养提升

小学图书馆课程利用儿童图书馆资源与空间，开发、聚焦小学生的阅读素养、公民素养、信息素养三大素养。其中阅读素养排在首位，足以看出阅读素养在图书馆课程中占有重要的地位。阅读素养一直受到国际评价者的关注，它也作为国际学生评价项目重点测试部分。当然，随着社会、经济、文化的变化，尤其是终身学习理念的形成，阅读和阅读素养的内涵也发生了变化。

　　什么是阅读素养呢？阅读素养是读者为了实现个人目标、积累知识、开发个人潜力和参与社会，而理解、利用、反思和使用书面文章的能力。个人发展和国家进步都与阅读素养密切相关。阅读能力是学生从小学开始就应该掌握的最重要的能力。阅读素养是国民经济和社会发展的基础。可以说，阅读素养的提高直接影响到国家精神力量的增长，而精神力量的增长对一个国家的软实力和最终竞争力起着关键作用。因此，我们就要使学生通过阅读来培养和获取精神力量成长。

　　阅读素养的培养以课标和教材为主课堂延伸至图书馆。针对阅读核心概念的界定，阅读素养课程按照学生"学会阅读""爱上阅读"和"深度阅读"的序列，以课型探索、活动推进为实施策略，开展各学科融合的，以"读—演—创—展—写"为模式的绘本阅读，以及聚焦策略的整本书阅读研究。

第一节　让学生学会整本书阅读的研究

一、用问题驱动式引导学生进行整本书阅读研究

（一）扎实有效的阅读课

在整本书阅读研究中，结合教材中的学科要素和课标要求，学校开发了读前推荐、读中推进、读后启智三大课型，教会学生懂得阅读的方法，学会阅读。

1."五种策略"

读后启智课：通过师生智慧碰撞、规划活动、展示分享、多元评价、科学阅读，真正实现阅读的意义。

2."四步激趣"

读前推荐课：介绍相关信息，激发阅读兴趣——了解大概内容，形成初步印象——选读精彩部分，体验阅读乐趣——传授阅读方法，提出阅读建议。

3."三个关注"

读中推进课：引导学生关注作者的文字表达，关注人物的性格特点，关注整本书情节上的跌宕起伏等，推进的是学生的阅读热情、语言感受力、理解与体悟，让学生带着新的思考和收获继续阅读。

4."两个保证"

针对三种课型，我们通过梳理母话题、问题清单提升整本书的阅读质量，通过阅读手册的设计和实施激发学生阅读的兴趣，提高阅读的能力和素养。

整本书阅读指导流程

第一步：教师提前阅读，提炼问题清单

一年级的孩子课外阅读难点是：孩子识字不多，好动，注意力不集中。所以建议阅读方式还是以亲子共读为主，以独立阅读为辅；以培养孩子阅读兴趣和爱好为主，以绘本和桥梁书、拼音书为主。

问题清单的梳理，建议可以一个章节提炼一个中心问题，也可以根据情节，几个章节提炼一个主要问题。也就是说，问题清单的拟定是因书而异的，数量可多可少。有的问题可以在读中推进，课上深入交流，有的问题则可以在晨读课上简单交流。

问题的提炼要体现年级特点，应结合教材中的语文要素和课标要求，去思考如何促进学生的思维发展和深入体悟，提高学生的语文素养。例如，一、二年级的问题清单中可以有简单的填空式提问，一两句话的问答；中高年级则逐渐向概括阐述、个性表达、思辨分析等方面发展。对《小布头奇遇记》设计的问题中，我们主要是结合学生的特点，以选择题的方式来设计的。

（1）这本书主要讲的是谁的故事？

A. 苹苹   B. 二娃

C. 小布头   D. 小黑熊

（2）小布头最开始被老师发给了谁？

A. 二娃   B. 豆豆

C. 大娃   D. 苹苹

（3）小布头为什么离开了苹苹？

A. 苹苹不喜欢小布头

B. 小布头偷东西

C. 苹苹故意丢掉小布头

D. 苹苹认为小布头浪费了粮食，小布头很生气

（4）小布头离开苹苹后想去找谁？

A. 豆豆   B. 李伯伯

C. 田阿姨   D. 二娃

（5）小布头碰到的坏家伙是谁？

A. 小芦花　　　　　　　　　B. 小电动机

C. 大铁勺　　　　　　　　　D. 四只大老鼠

（6）小布头最后回到了谁的家里？

A. 苹苹　　　　　　　　　　B. 二娃

C. 田阿姨　　　　　　　　　D. 老郭爷爷

第二步：读前推荐课

读前推荐课的目的：指导一年级学生进行阅读，不论是课内阅读还是课外阅读，首先需要解决的便是阅读兴趣的问题。如果没有阅读兴趣作为基础，孩子就不可能在教师和家长的指导下进行自主的、愉悦的阅读。

根据这样的目标，可以确定内容框架：从"奇"入手，激发阅读兴趣——亲子阅读——展开话题，体验阅读乐趣——传授阅读方法，提出阅读建议。

一、阅读目标

（1）对《小布头奇遇记》作者孙幼军和他的著作有初步的了解。

（2）通过引导学生阅读并讨论《小布头奇遇记》，激发学生的阅读期待。

（3）认识书的封面和目录，指导学生学会阅读封面和目录。

（4）指导学生精读《小布头奇遇记》中一个有趣的段落，培养学生养成边读边思考的习惯，能对书中的人物和事件有自己的感受与想法。

二、阅读指导过程

1. 谈话导入

同学们，你们喜欢读童话故事书吗？伟人曾说（出示）：好的书籍是最贵重的珍宝。人离开了书，如同离开空气一样不能生活。书籍是人类进步的阶梯。

可见，读书好！我们应该从小就和书交朋友，多读书，读好书，好读书。

2. 了解书的大致内容

今天老师给大家推荐一本好书——《小布头奇遇记》。拿到这本书，我们首先看什么？看封面。从封面中，你获得了什么信息？

（1）配图。配图是谁画的呢？

（2）出版社。

（3）图标告诉我们这是一本注音版的读物，非常适合我们一、二年级的小朋友读。

（4）作者。孙幼军爷爷是当代著名童话作家。上学期我们读过他写的《小猪唏哩呼噜》，非常精彩，相信这本《小布头奇遇记》也一定不会让你失望，不够过瘾，还可以读读《小布头新奇遇记》。

（5）《小布头奇遇记》这本书到底写了些什么故事呢？

出示目录——故事的名字，指名读目录。

（6）你对哪个故事最感兴趣？你想从故事中知道什么呢？

3. 设置悬念，激发学生阅读欲望

（1）看了目录，我们产生了好多问题。

（2）教师介绍：

有一个小朋友，名字叫苹苹。苹苹得到了一个小布娃娃，名字叫"小布头"。小布娃娃干吗要叫"小布头"呢？

这……你看了就知道啦！

"小布头"想做一个勇敢的孩子，有一回，他从酱油瓶上跳下来……

干吗要从酱油瓶上跳下来呢？这……你看了也会知道的。

"小布头"从酱油瓶上跳下来，碰翻了苹苹的饭碗，把米饭粒撒了一地。苹苹可生气啦，她批评"小布头"不爱惜粮食。

"小布头"也生气啦，他不接受苹苹的批评，从苹苹那儿逃了出来。之后"小布头"遇到了许多奇奇怪怪的事情，认识了许多新朋友，听他们讲了许多很有意思的故事。

"小布头"后来怎么样了呢？后来，"小布头"懂得了要爱惜粮食的道理。他变成了一个真正勇敢的小布娃娃。当然喽，他又回到了苹苹的身边。这些事情，这些故事，书上写得清清楚楚、明明白白，你快自己看吧！

4. 爱护书籍，引导课后阅读

（1）让我们自己静静地读故事，一边读，一边想，走进小布头的世界，我们会感受到更多的快乐！

（2）爱护书籍教育：

读书前要把手洗干净。

不能在书上乱涂乱画，弄脏书籍，书脚卷起来了，要用手轻轻压平。

第三步：读中推进课

读中推进课：聚集话题，展开讨论。教师及时捕捉学生自主交流中生成的资源，集聚提升，抛出共性话题，引导学生展开热烈讨论。引导学生结合阅读内容，联系生活实际谈自己的认识，以活动的形式巧妙连接。这样既提高了学生语言表达的能力，又发展了他们的阅读思维。这个环节便于教师及早了解学生的阅读情况，捕捉阅读拓展的方向，为学生阅读能力的提高做好铺垫。通过这个环节，营造宽松、民主的交流平台，让学生愿意交流、敢于交流。

一、阅读目标

（1）激发阅读兴趣，让孩子喜欢这本书。

（2）感受小布头奇遇的经历，明白小布头变成一个勇敢孩子的历程，懂得什么才是真正的勇敢。

（3）对孩子进行思想教育，让他们懂得离家出走是不正确的行为。

二、阅读教学过程

1. 谜语导入

（1）师：小小布料一块块，五颜六色真可爱，经过巧手缝一缝，眼睛鼻子全出来，小朋友们都喜爱。变成什么猜一猜？

（2）师：同学们，你们猜猜可能会变成什么呢？其实我们也有个老朋友是布料做成的，相信同学们已经猜到了，对，他就是小布头，同学们喜欢他吗？在你的印象里小布头是个怎样的孩子呢？请同学们谈谈你的看法。

过渡：现在我们一起跟着书上的插图，回顾一下发生在小布头身上的几个小故事吧！

2. 回顾故事内容

（1）师：在打开插图之前老师想考考你们，同学们，记得这本书里一共有几篇故事吗？

（2）师：那么我们就一起去看故事的插图，我要看看我们班的同学们谁最会读书，能够根据部分插图说出故事的经过是怎样的，一定要仔细看，仔细想哦！表现最好的同学将得到老师的奖励哦。

（3）师：（出示图片）这是谁？同学们记得吗？（学生齐说）

（4）师：对，这就是小布头诞生的地方，哪里呢？（随机板书：幼儿园）那同学们还记得小布头的样子吗？指名回答。

（5）生：他穿着一件葱绿色的小上衣和一条漂亮的雪白的裤子，长着一个胖乎乎的脸蛋，戴着一顶尖尖的黄色的小圆帽子，可爱极了！（及时表扬）

（6）师：谁能说说这图上的小布头怎么了吗？你觉得他是个怎样的孩子？（相机板书：胆小）但胆小的小布头却有一件心事，谁能告诉老师呢？指名回答。

（7）师：大家再看这个图片，哎呀！小布头怎么了？谁能说一说？（生说故事内容）对，小布头为了证明自己是个勇敢的孩子，他让苹苹家发生这件不愉快的事，这算勇敢吗？苹苹批评他，他还不接受，最后他还做了一件错事，什么事呢？

（8）生：（齐说）离家出走。

（9）师：那离家出走这个行为对不对呢？下面我们展开讨论，一共分成两个大组，一个正方，一个反方，下面开始谈论吧！

甲方：离家出走有很多好处，小布头可以摆脱苹苹的束缚……

乙方：离家出走也有很多坏处，小布头的生活会变得很糟糕……

3. 小情节，大道理

（1）师：总的来说，小布头离家出走是不对的，我们不能学习小布头这样的行为。看，这是在谁家发生的事？现在的小布头跟在苹苹家相比，他的处境怎样？可以用一些什么词来形容？（指名说）

（2）师：可怜的小布头怎么了？哭得好伤心哦，他到底怎么了？

过渡：原来小布头还是个善良的孩子。善良的小布头会经历些什么呢？我们还是往下看吧。

（3）师：唉，刚才小布头还为鼠老五哭得稀里哗啦，现在却遇到了危险，真是鼠心险恶呀，其实在现实社会中也有像鼠家兄弟这样的坏人。可怜的小布头，我真为他担心。

（4）师：当他第一次遇到危险时是谁救了他呢？

现在的小布头又流落到谁家了？这一次又是个危险的旅程。

（5）师：同学们还记得这个画面吗？谁来说说当时的情况？当你看到这里

时，你心里是怎么想的？能谈谈你的看法吗？

（6）其实小布头还是蛮幸运的，他又一次遇到了谁？获救后的小布头做出了一个惊人的举动，你们知道他做了什么吗？我们一起来看插图吧。

（7）这时你想对小布头说些什么呢？他跟之前相比变了吗？（相机板书：勇敢）聪明、可爱、善良、重情义的小布头见到了他可爱的朋友们，那他能见到他朝思暮想的苹苹吗？

4. 课堂小结

小布头真幸运，他为他错误的行为付出了很多，也吃了很多苦头。有些经历也让他变得更加勇敢，更加坚强。相信大家也看出小布头在一点一点地变化着，作为小学生的我们更应该向小布头看齐。故事讲到这儿就先告一段落了，接下来小布头又会发生怎样的故事呢？课下让我们继续走近他吧！

第四步：读后启智课

整本书读完了，师生可以一起来议论、来畅谈、来辩论、来分享，对整本书进行回顾总结与提升，也就是说，要领着孩子往高处走一走，这是老师在启智课上最重要的任务。尤其需注意，要让整本书与学生的生活相链接，与学生当下的生命相结合，与学生的生命体验发生碰撞，真正实现阅读的意义。

《小布头奇遇记》这堂课主要采取的是自主展示、语海寻珍的教学方法。引导学生结合读物的特点，采用不同的方式自主展示阅读成果。如讲故事、表演等。

一、阅读目标

（1）了解小布头的奇遇历程，并明白什么是真正的勇敢。

（2）在交流"奇遇"中，激发学生阅读兴趣。

（3）渗透阅读长篇童话的基本方法。

二、阅读教学过程

（一）回顾之"奇"

《小布头奇遇记》这本书都读完了，小布头的这些故事构思巧妙，语言风趣幽默，在轻松阅读欣赏的过程中你一定会微笑不止。这本书曾获全国第二次少儿文艺评奖一等奖，是我国获国际安徒生奖提名的第一部作品。这节课就让我们再次走进《小布头奇遇记》。

谁来说说小布头的奇遇？（按顺序板书）

（二）体会并明白小布头的精神

1. 明白了什么是勇敢

小布头是幼儿园老师用零碎布头做成的一个小布娃娃，由于个头太小了，胆子又小，常被玩具们嘲笑，他很伤心。起初，小布头认为勇敢就是胆子大，什么都不怕。所以，他为了练胆子而闯了祸。后来，经历了许多事，在和小金球、黄珠儿的交谈中才明白：为了做好事，什么都不怕，那才能叫勇敢。

2. 一定要珍惜粮食

小布头由于坐错了火车来到了农村，见到了很多奇怪又新鲜的事，这时他才真正懂得，粮食是多么来之不易，绝对不能浪费。我吃饭时，常常掉些饭菜在桌子上，以后我也要珍惜粮食。

3. 团结友爱

团结就是力量，只要和朋友们团结在一起，就能克服困难，完成各种任务。小布头和小布猴、小黑熊团结一心，分工合作，打败了经常欺负他们的老鼠兄弟，我真为小布头和他的朋友们感到高兴，也认识到团队的力量。

4. 知错就改

小布头为了练胆子而闯了祸，他的好朋友苹苹批评他，他不接受，还负气离家出走，结果两次遇到危险，还差点丢了性命。他很后悔当时没有接受苹苹的批评，结果受了那么多的罪。今后我要虚心接受家长、老师和他人的批评，不断改正自己的缺点，使自己不断进步，成为一个对社会有用的人。

教师总结：学生对这本书感兴趣的，也许并不是小布头的勇敢，而是小布头的种种奇遇。小布头的勇敢不是天生的，而是在种种奇遇中逐渐锻炼出来的。所以，可以设计从学生感兴趣的"奇遇"下手，引导学生一边回顾小布头的奇遇，一边感受小布头勇敢品质的不断成长，最终明白什么是真正的勇敢。也希望学生像小布头一样学会勇敢的精神，成为一个胆大心细的孩子；还要像小布头一样知错就改，虚心接受别人的批评，改掉自己的不良习惯。

三、课后延伸

推荐《小猪唏哩呼噜》。

小学低段学生阅读手册

阅读是一扇窗，让我们看遍世界的风景，感受别样的情怀；阅读亦如海滩上的日光，让我们抖落心灵的拂尘，在与文字的邂逅中，遇见最美的自己！

这样阅读更有趣

给大家推荐几种有趣的读书游戏，读完之后可以试试。

（1）将主角全部换成我的名字。

（2）给故事画一张时间表。

（3）给故事画张地图。

（4）创编故事的前传和后传。

（5）换一个角色、角度读故事。

（6）给故事书设计封面和插画。

（7）将故事做成孩子的有声故事书。

（8）绘制一套和故事相关的书签。

读书宣言

朱熹曰："读书有三到，谓心到、眼到、口到。"我愿这样读书，保护里面的书籍，无私分享自己的读书感受，希望以书会友，传承书香。

宣誓人：_____

幸福书单

如果书单中的书目你已经阅读过了，请在足迹一列中涂色（见表2-1-1至表2-1-3）。

表2-1-1　一年级必读书目

书目	足迹	书目	足迹
《小布头奇遇记》		《三毛流浪记》	
《鹅妈妈的故事》		《给大象拔刺》	
《小巴掌童话百篇》		《木偶奇遇记》	
《三毛爱科学》		《绒兔子找耳朵》	

表2-1-2　二年级必读书目

书目	足迹	书目	足迹
《爱丽丝漫游奇境记》		《柳林风声》	
《鼹鼠的月亮河》		《绿野仙踪》	
《会飞的教室》		《吹牛大王历险记》	
《秘密花园》		《笨狼的故事》	

表2-1-3 选读书目

书目	足迹	书目	足迹
《哪吒传奇》		《了不起的狐狸爸爸》	
《晚上的浩浩荡荡童话》		《豆蔻镇的居民和强盗》	
《你看起来好像很好吃》		《兔子坡》	
《汤姆·索亚历险记》		《胡萝卜的种子》	

阅读分享

最近我读了《   》，想把我的感受分享给大家（见表2-1-4）。

表2-1-4 阅读分享单

这本书的作者是（   ）

同读分享

我也读了这本书，并且有不一样的感受呢（见表2-1-5）。

表2-1-5 同读分享单

仁者见仁，智者见智：

分享阅读·分享爱
——我们的努力、期待与梦想

没有任何大船，能像书本一样，载着我们远航；

没有任何骏马，能像一页页奔腾的诗行，把我们带向远方。

书，是孩子生活中最好的伴侣。

它会伴随着孩子的童年，给他无穷无尽的想象和快乐。使他常读常新，不断地感知和发现新的真理；

它将帮助孩子战胜寂寞和孤独，像黑夜里的明灯、星光与小小的萤火虫，为孩子照亮夜行的小路，指引与帮助他去认识世上的善恶、真假和美丑。

我们相信，有一些书，一个人如果不在童年时代读到它们，不曾在童年时代为它们动过真情、流过眼泪，那么这个人的本性和他整个的精神成长就可能是有所欠缺的。

我们坚信，好的儿童图书中所涉及的主题，诸如谦让、分享、诚信、专注、承担、奉献、勇敢、自信、友爱、互助、智慧、感恩等，这些美德都是孩子在成长过程中所不应忽视的。

我们期待，孩子们能从优秀的童书中，从作家们编织的那些温情脉脉的故事里，从那些生动的文学细节里，不仅可以获得成长的启示，也可以得到文学的享受、美的熏陶、善与爱的教育。

整本书阅读，师生同读一本书的效果非常好，大家在课上讨论的时候，读过的同学都能积极发言，说自己所想。没有认真读的同学心有所动，就有了读书的动力。课下，学生自主读书，借助《阅读手册》摘抄好词佳句，记录读书感悟，积累阅读书目，学生的阅读素养在潜移默化中不断提升。

要培养学生的阅读兴趣，首先要降低阅读的门槛，鼓励学生运用拼音辅助阅读，以帮助学生克服不识字的沮丧感；其次要给学生以自由阅读的空间，由孩子选择阅读内容、阅读时间乃至阅读方式；最后积极开展各种阅读活动，让阅读从平面的、单向的行为变成立体的、多向度的活动。另外，需要对阅读给予足够的重视，并及时进行阅读评价，加大表扬和鼓励的力度，这样才能使孩子认识到阅读的重要性。在阅读之后，可以鼓励孩子用自己的话说故事。这既

是对儿童"说"的能力的培养，更是检查他们阅读状况的一个重要手段。

（二）基于问题驱动的整本书阅读研究

上述课型已经较为成熟，但我们发现学生对于整本书阅读缺少问题意识、自主探究意识，教师对整本书的阅读交流研究主要停留在课型的设计、教学的模式层面上，而对组织技巧、指导策略的有效性以及问题驱动的有效性没能深入探究，缺乏实践总结和理论提升。

新课程改革的核心任务是促使每个学生都得到最大限度的发展，使学生在学习中会主动研究问题、分析问题，寻找解决问题的方法。思维是从疑问和惊奇开始的，小学阶段的学生对外界事物有着强烈的好奇心，因此开展基于问题驱动的整本书阅读教学势在必行。问题驱动教学尊重学生的学习兴趣，以问题为起点，能调动学生的积极性与主动性，使学生在解决问题过程中掌握所学知识，形成问题意识与解决问题的能力。

基于问题驱动的整本书阅读教学，我们应该确保问题的设计、整本书教学的计划性、连续性，结合新课程倡导的自主、合作、探究学习方式以及学生整体素养的提高目标来对课程价值进行提升，并且融入语文课程结构体系，帮助学生积累和建构语言。通过整本书阅读教学的问题驱动，培养学生的阅读能力，养成良好的阅读习惯，提高问题的解决能力，成为自主的学习者。

整本书阅读问题清单

二年级问题清单

1.《三毛流浪记》

（1）三毛是个怎样的孩子？

（2）为了生存，三毛做过哪些事？

（3）你读了这本书，有什么感想？

2.《长袜子皮皮》

（1）你喜欢皮皮吗？为什么？

（2）皮皮的爸爸临走之前送给她哪些东西？

（3）皮皮有什么个性？

3.《小布头奇遇记》

（1）苹苹吃饭时，让小布头坐在哪里？

（2）书中的"小金球"和"黄珠儿"都是什么？

（3）在《小布头奇遇记》这本书里，你最喜欢的人物是谁？为什么？

4.《给大象拔刺》

（1）什么是赤脚医生？

（2）大象跟老虎搏斗谁能占上风？

（3）人应该怎样跟动物和谐相处？

5.《爱丽丝漫游奇境记》

（1）爱丽丝是怎么掉进兔子洞的？

（2）玻璃桌上的金钥匙可以打开哪扇门？

（3）当爱丽丝遇到困难，跌倒的时候对自己说了什么话？

6.《中国新童话》

（1）《新邻居》中小麻雀把自己的新房子让给谁？

（2）小露珠因为什么而伤心？

（3）读了这本书，你最大的收获是什么？

7.《鼹鼠的月亮河》

（1）你最喜欢这本书中的哪个人物？为什么？

（2）米加是第几个孩子？它有什么不同？

（3）读了这本书，你明白了一个什么道理？

8.《木偶奇遇记》

（1）匹诺曹上了谁的当跟他们走了？

（2）是谁从强盗手里救了匹诺曹？

（3）匹诺曹从木偶变成一个真正的小男孩是因为什么？

三年级问题清单

1.《笨狼的故事》

（1）你喜欢笨狼吗？为什么？

（2）笨狼的名字是谁取的？为什么给它取名叫笨狼？

（3）笨狼笨吗？为什么？

2.《老鼠花匠》

（1）你最喜欢书中哪个故事，这个故事让你明白了什么道理？

（2）你最喜欢书中的哪个角色？

（3）你觉得《老鼠花匠》中的寸光是个什么样的人？

3.《绿野仙踪》

（1）多萝茜他们到了翡翠城后发现了什么？

（2）南方女巫用金冠帮助哪三个人物？

（3）是什么把多萝茜和她的小狗吹到了芒奇金人的国家？

4.《小鹿斑比》

（1）老鹿王在救斑比时，为什么要带着它绕着走一大圈？

（2）老鹿王带斑比去看死去的人，是想让斑比明白什么？

（3）"勇敢点"是谁对斑比的鼓励？

5.《吹牛大王历险记》

（1）《吹牛大王历险记》的主人公是谁？他有什么特点？

（2）你从这本书中懂得了什么道理？

（3）闵希豪生有五个奇特的侍从，分别是谁？

6.《鼹鼠的月亮河》

（1）你喜欢书中的哪个人物？

（2）米加为什么决定离开家乡？

（3）读完这本书，你最大的收获是什么？

7.《爱丽丝漫游奇境记》

（1）爱丽丝为什么会去追兔子？

（2）读了这本书，爱丽丝遇到的哪一件事让你最感兴趣？

（3）比尔是一只什么小动物？

8.《柳林风声》

（1）这本书的主要人物有哪些？

（2）读完这本书，你最大的收获是什么？

（3）书中哪些动物的友情让你动容？

四年级问题清单

1.《小淘气尼古拉》

（1）如果尼古拉的父亲对他更有耐心一点，尼古拉会有什么转变？

（2）尼古拉为什么会有那么多的好朋友呢？

（3）尼古拉为什么会用乐观的心态对待发生的每一件事情呢？

（4）在木皮先生一集当中，为什么到了最后，木皮先生也和尼古拉在一起玩了呢？

（5）尼古拉很调皮，可是为什么有很多人喜欢他呢？

2.《宝葫芦的秘密》

（1）宝葫芦是一个怎样的葫芦？你对宝葫芦有什么印象？

（2）王葆一开始得到宝葫芦的心情怎样？后来呢？

（3）王葆和宝葫芦的共同秘密是什么？

（4）如果不遵守秘密，会发生什么？

（5）王葆从宝葫芦身上领悟到了什么道理？

3.《稻草人》

（1）"旅行家"中旅行家第二次来到地球上带来的礼物是什么？

（2）"富翁"中富翁的结局是怎样的？

（3）在"熊夫人幼稚园"一文中，为什么熊夫人的幼稚园最后关门了？

（4）你喜欢《稻草人》这本书中的稻草人吗？为什么？

（5）读了"富翁"这个故事，你有什么收获？

4.《海蒂》

（1）你认为海蒂是一个怎样的人？

（2）海蒂在克拉拉家中得了什么病？

（3）为什么山羊倌犯了错，克拉拉的奶奶还满足他的愿望？

（4）你从这本书中懂得了什么道理？

5.《爱的教育》

（1）《爱的教育》中主要人物有哪些？

（2）斯老师是一位怎样的老师？

（3）扫烟囱的孩子丢了钱币之后，发生了什么事？

（4）裘里亚的成绩退步了，身体也越来越差，原因是什么？

（5）读完《爱的教育》这本书，你对"爱"的理解是什么？

6.《谁取代恐龙统治地球》

（1）哺乳类动物可以分为哪三大类？

（2）书中介绍中生代三叠纪后期，发生了哪两件重大事情？

（3）化石是什么？

（4）读《谁取代恐龙统治地球》一书你最喜欢的动物是什么？

（5）读《谁取代恐龙统治地球》一书你收获了什么？

7.《尼尔斯骑鹅旅行记》

（1）读完这本书，你懂得了什么道理？

（2）在生活中你要做个什么样的人？

（3）读了这本书你有什么感受？

（4）你觉得尼尔斯是个怎样的人？

8.《警犬拉拉》

（1）用一句话概括拉拉是一条什么样的狗。

（2）在"神秘导盲犬"一章中，拉拉第一次发现炸药味在哪儿？

（3）在"沉重的追逐"中，拉拉发现正在逃跑的毒贩是谁？它是怎么做的？

（4）在"女警员午夜被害案"一章中，拉拉在哪里发现的凶器？

（5）读完《警犬拉拉》你有什么样的启示？

五年级问题清单

1.《吹小号的天鹅》

（1）路易斯用小号拼命赚钱是为了什么？

（2）你觉得路易斯是个什么样的人物呢？

（3）路易斯的爸爸为了路易斯从乐器店里偷了小号，你认为这种做法对吗？

（4）读完这本书，你从书中得到了什么样的启示？说说你的理由。

（5）作家E.B.怀特除写了《吹小号的天鹅》之外，还写了哪两本童话书？

2.《斑羚飞渡》

（1）文中多次提到彩虹，共几次？每次表现了什么意义？

（2）镰刀头羊是这场飞渡的组织者，文中对它进行了重点描写，请说说你从中感受到镰刀头羊的什么精神。

（3）在这个故事中，人类充当了什么角色？我们在惊叹于动物们表现出来的那种智慧、勇气和自我牺牲之余，是否应该反思，人类到底扮演什么角色？

（4）描写老斑羚坠落的一瞬间，运用了什么修辞手法？有什么作用？

（5）读完这本书，你内心最大的感受是什么？

3.《导盲犬迪克》

（1）《导盲犬迪克》讲了一个什么道理？你受到了什么启发？

（2）《导盲犬迪克》中你最喜欢的人物是谁？为什么？

（3）《导盲犬迪克》中你印象最深的地方是哪里？为什么？

（4）迪克和小主人在翻越雪山时遇到了什么困难？

（5）阿炳带着迪克在寻找他亲生母亲的过程中遇到了什么？

4.《为我唱首歌吧》

（1）小伙伴们为什么要为伊丽莎白举行一次音乐会？

（2）读完《为我唱首歌吧》后你有什么感受？

（3）文中是怎么描述小伙伴们对待音乐会的认真态度的？

（4）在弗雷迪的倡导下孩子们做了一个怎样的决定？

（5）《为我唱首歌吧》中你最感动的地方是哪里？

5.《格兰特船长的儿女》

（1）格兰特船长失踪的地方在哪里？

（2）故事中他们的足迹遍布多少个地方？

（3）他们最终是在哪里找到格兰特船长的？

（4）"卡塔巴"的含义是什么？

（5）这本书给你带来什么启发？

6.《苦儿流浪记》

（1）《苦儿流浪记》的主人公是谁？

（2）主人公为什么要去"流浪"？

（3）读完《苦儿流浪记》，你印象最深刻的是哪一段故事？

（4）你从主人公身上学到了什么好的品质？

（5）你能列举《苦儿流浪记》中的几个人物吗？对他们，你如何评价？

7.《昆虫记》

（1）在《昆虫记》这本书中，你最喜欢的昆虫是什么？为什么喜欢呢？

（2）在《昆虫记》中，写了不少昆虫的生活习性，你能列举几种吗？

（3）《昆虫记》中昆虫们的一举一动都被赋予了人的思想感情。有人说，昆虫也是生灵，它们与人有着丝丝缕缕的相通之处，你对此有什么看法呢？

（4）你知道蝉是怎样喝水的吗？

（5）蟋蟀的洞穴为什么都挖在朝阳的斜坡的草丛里呢？

8.《鲁滨孙漂流记》

（1）鲁滨孙是如何到达孤岛的？

（2）鲁滨孙是如何计算日子的？

（3）鲁滨孙为改善生活主要做了哪些事？

（4）读了《鲁滨孙漂流记》这本书，你懂得了一个什么道理？

（5）《鲁滨孙漂流记》中的"星期五"是谁？为什么取这个名字？

六年级问题清单

1.《俗世奇人》

（1）青云楼主给老外写了什么字？

（2）在《俗世奇人》这本书中你最敬佩哪个人？为什么？

（3）你认为苏七块是个什么样的人？

（4）酒婆为什么最后会醉死在街上？

（5）刘道元在后院用什么办法吓走了乔二龙和他的儿子？

2.《老人与海》

（1）这本书中海明威主要塑造了一个怎样的老人？

（2）老人出海，不远千里，只是为了一条鱼吗？

（3）老人一生遵守的人生信条是什么？

（4）故事开头和结尾都写到老人梦到狮子，对此你如何理解？

（5）《老人与海》中有不少独白，这在小说中起到了什么作用？

3.《细菌世界历险记》

（1）什么细菌喜欢生活在没有空气的地方？

（2）能让蛋白质转化成霉质的菌是什么菌？

（3）你知道哪些有害菌？它们对身体有什么危害？举例说明。

（4）欧洲黑死病是由什么细菌引起的？

（5）有益菌对人体有什么好处？

4.《绿山墙的安妮》

（1）文章哪个情节给你的印象最深，你从中体会到了什么？

（2）安妮是个孤儿，生活在冷酷的孤儿院里，她为什么会认为自己是一个幸福的人？

（3）许多人因为读了《绿山墙的安妮》去加拿大，作品中哪些片段让你感觉心旷神怡？

（4）安妮的成长经历了哪几个阶段？哪些事情对她产生了影响？

（5）安妮是一个什么样的女孩？试着从文中找出例证来证明她的性格。

（6）这本书还有一个译名，叫"红头发安妮"，与《绿山墙的安妮》相比，你觉得哪一个名字更好？你的理由是什么？

5.《森林报·春》

（1）林木之间为何大战？

（2）美丽的田公鸡是谁？

（3）你对兔妈妈放任不养它的孩子有什么看法？

（4）你对白化动物受到的待遇有何看法？

（5）如果你能让一只鸟安全返乡，你会怎样做？

6.《荒野的呼唤》

（1）巴克有几个折磨它的主人？怎么折磨它的？

（2）巴克最后到了哪里？

（3）你对巴克的经历有什么看法？

（4）巴克是条狗，它为什么要回狼群生活？

（5）巴克回归狼群后，为什么每年还要回故乡？

7.《永远的布谷鸟》

（1）你对《丁一小写字》中丁一小的想法有什么看法？

（2）你对《我的接线员朋友》中莎莉信中的那句话有什么理解？

（3）你对《一块水果糖》中米沙的作为有什么看法？

（4）你对《三只熊》中小女孩闯进别人家有什么看法？

（5）你对《永远的布谷鸟》中麦兜的大钟有什么想法？

8.《汤姆·索亚历险记》

（1）你觉得汤姆是一个怎样的人？

（2）对汤姆你最欣赏他的什么？

（3）汤姆为什么会产生当海盗的念头？

（4）对汤姆·索亚的海盗生活最主要用了什么描写？

（5）汤姆在坟场看到了什么？

在一段时间的实践后，老师们又学习吸纳了余党续老师关于整本书阅读三题——母题、话题、问题的探索成果，对整本书阅读的问题清单做了升级。

整本书阅读问题清单升级版

如：《鼹鼠的月亮河》

母题：梦想与友情

话题：米加和尼里是怎样的鼹鼠？

问题：

（1）你喜欢书中的哪个人物？

（2）为什么这条清凌凌的小河叫月亮河呢？

（3）米加和尼里是怎么成为好朋友的？

（4）自从有了发明洗衣机的念头，米加是怎么做的？

（5）鼹鼠米加变成乌鸦后又有了哪些经历呢？

（6）米加到底有没有发明洗衣机呢？

（7）读完这本书，你最大的收获是什么？

基于问题驱动的整本书阅读单

学会观察书名、封面和封底

用一句话描述你从封面或封底看到或读到了什么，并写出预测结果。你可以用这样的格式来记录：

我从_____观察到_____，我预测_____。

举例：

我从封面观察到主人公的包里有一套足球队队服，我预测他是校足球队的队员。

1. 我读了书名《_____》，我预测_____

_____

_____

2. 我从封面观察到_____

_____，我预测_____

_____

_____

3. 我从封底观察到_____

_____，我预测_____

_____

_____

_____

> 使用说明：
>
> 为什么要边阅读边做预测？
>
> 因为边读边预测，意味着你正在主动阅读。你的结论来自书中的线索、证据和自己的思考，而不是他人直接告诉你的。

问题驱动式的整本书阅读指导是让学生围绕视觉化、话题化、问题化的阅读任务，依据学段阅读要素，基于个人强烈的问题驱动，应用阅读资源，自主探索和互动协作进行的阅读实践，让学生主动建构包含批判、整合、创造等高阶思维活动的阅读模式。在整本书阅读过程中，学生的阅读兴趣不断被激发，阅读素养不断得到提升。

二、利用电影课程引导学生进行整本书的立体阅读

1. 有声有色观影

电影阅读课程是将文本阅读与优秀电影资源相融合的一种跨媒介阅读，是一种新型的阅读模式。我们知道阅读有纸质阅读和视觉阅读等多种渠道，而且不可否认，我们已经进入一个视觉文化更占主导的图像时代，其中课标也提到要重视对影视、戏剧等的利用，这种影视阅读的优势更为直观，更省时，传播更为快捷，经典作品的影响更为深远。对于小学生来说，更加激发了其兴趣，对于提高他们的阅读素养无疑是极为有效的。我们根据小学语文课程标准和小学生年龄特点，经过多次研讨，给学生制定了一份电影清单。

2020学年电影课程目录

第一学期（见表2-1-6）

表2-1-6　2020年第一学期电影课程目录

序号	电影
1	《绿野仙踪》
2	《查理和他的巧克力工厂》
3	《飞屋环游记》
4	纪录片《深蓝》
5	《风之谷》
6	《微观世界》
7	《小淘气尼古拉》
7	《狮子王》
8	《昆虫历险记》

第二学期（见表2-1-7）

表2-1-7　2020年第二学期电影课程目录

序号	电影
1	《海洋之歌》国语版
2	《夏洛的网》
3	《了不起的菲丽西》
4	《尼尔斯骑鹅旅行记》
5	《鲁滨孙漂流记》
6	《水浒传》
7	《草房子》
8	《放牛班的春天》
9	《三国演义》

2. 用心用情阅读

　　播放电影不仅是为了激发学生的兴趣，主要还是为了架起一座桥梁，让学生进行立体式阅读。通过观影、读书相互对比评价的方式来分析这些书，我们用心用情去感悟，先把书读厚，再把书读薄。学生读完《绿野仙踪》后接着观看电影，然后完成教师布置的作业，正是通过这种对比和分析再次完成对《绿野仙踪》的学习，多方面去解读这本书，做到立体深度的阅读。

我的电影课程

——《绿野仙踪》

一、星级电影

我给电影打个分：☆☆☆☆☆

二、剧情大透露

　　小女孩多萝茜被一阵龙卷风刮到了一个陌生的地方。为了回家，她在南方女巫的指引下去翡翠城找奥芝寻求帮助。一路上，她结识了三个朋友：稻草人、铁皮人和胆小狮。多萝茜和她的朋友们一起面对困难，最后她终于回到了家，而朋友们也找到了属于自己的幸福。在这个动人的电影中，我最喜欢这些人物了：

_____

_____

因为：_____

_____

_____

三、电影大讨论

（1）为什么没有任何其他地方比家更美好？讨论时，要能讲出具体的例子，就像马宇尔教授引导多萝茜回忆那样："有一次生麻疹，姊姊整夜守在我身边……"

（2）稻草人的智慧真的需要博士学位的证明吗？狮子真的需要十字勋章才能分得清勇气和智慧吗？铁皮人真的需要钟表来证明自己有爱心吗？

第二节　绘本阅读教学让学生爱上阅读

一、探索绘本的"读—演—创—展—写"新模式

绘本阅读课按照与国家课程、教材相结合的原则，开展了阅读和体验活动，摸索出"读—演—创—展—写"的绘本教学模式。

（一）读：绘读绘说——儿童绘本阅读

1. 绘本故事课，学习阅读

每天利用30分钟上孩子们最喜欢的绘本故事课，有师生共读，生生共读，个人阅读，因为绘本价格较高，除了采取电子阅读、简装本购买等方式，还发动学生每人购买，然后漂流读书，同时学校花大价钱集中购买了一批绘本。

2. 分类阅读课，目的阅读

为了让绘本阅读更具有针对性，在选择绘本方面，教师根据阅读目的，进行简单分类，并挑选与之契合的绘本，如：刚入学，选择《小魔怪要上学》《我一个人可以》《我太小，我不能上学》《我上小学了》；为了帮学生养成良好习惯，推荐《大卫上学去》《大卫，不可以》《牙齿大街的新鲜事》《别让鸽子太晚睡》《我绝对绝对不吃番茄》《鳄鱼怕怕　牙医怕怕》《憋不住，憋不住，快要憋不住了》；为了让孩子们更加懂礼仪，选择了《图书馆狮子》《石头汤》《你别想让河马走开》；为了让孩子们学会交朋友，一起读了《我有友情要出租》《彩虹色的花》《小老鼠和大鲸鱼》；为了让孩子们爱上读书，一起分享《我喜欢书》《我讨厌书》《吃书的狐狸》；还共读了《我爸爸》《我妈妈》《爱心树》《猜猜我有多爱你》等经典绘本。另外，还推荐了《数学帮帮忙》《艾玛画画》等多学科绘本。

3. 阅读指导课，细致观察

绘本阅读不仅可以读文，还可以读图，培养学生的观察力和逻辑思维等能力。比如《我爸爸》绘本中，爸爸的睡衣花纹出现在绘本的很多角落，《母鸡萝丝去散步》中的很多小细节，让人眼前一亮，还有的绘本不仅传递了一个故事，整本书合起来前挂后连，还是一个前有铺垫，后有延伸的整体。

4. 阅读拓展课，学科融合

绘本不仅读字词句段，还有的绘本融合了多学科知识，如《犟龟》，有音乐、美术、梦想、坚持等，还有国家文化在里面，如白鸽头上的阿拉伯头饰、三角巾、红巾等。

5. 多形式阅读，助力提升

除了课堂阅读以外，还通过亲子阅读、家庭互助阅读小组、"享绘乐"公益阅读推广系列活动等，助低年级学生做好幼小衔接，开启读书兴趣，做好语言积累储备；帮中年级学生习作起步；利高年级学生悟人生哲理。

（二）演：演绎童趣——儿童绘本表演

新课程标准把"喜欢阅读，感受阅读的乐趣"作为低年级阅读教学目标的第一条，可见激发阅读兴趣在低年级语文教学中的重要性。色彩鲜艳的绘本最能激发孩子的阅读兴趣，引起孩子的愉悦感。为此，我们引导孩子们演绎绘本，表演儿童绘本剧。

1. 用好经典绘本故事，再现绘本精彩

经典绘本故事短小，生动有趣，富有教育意义，特征明显，深受学生的喜爱。用好学校绘本库里的经典绘本故事，搭建绘本读与演的桥梁，这不仅关注了童趣的激发、语言的品味、情感的熏陶，还能把最根本的东西——语言的内化与表达、艺术的审美与幻想表现出来。

三年前，学校社团"有戏剧社"首开先河，进行了经典绘本故事《猜猜我有多爱你》的创编演绎。接着，《牙齿大街的新鲜事》《犟龟》等陆续上演。通过孩子自己表演，寓教于乐，让孩子在表演或观看节目的过程中，潜移默化地受到艺术的审美与表达等方面的熏陶。

2. 重组演绎模块，厚涂快乐成长的底色

有些绘本，故事的语言、情节性很强。在对故事人物、情节、语言相对熟

悉后，对故事进行表演，带着孩子走进故事，是让孩子更深刻地理解故事的较好方式。我们将绘本内容按主题进行整合，涉及成长、习惯、安全、理想等方面，通过每学期的班级读书嘉年华等活动，让孩子们在表演或观看绘本剧的过程中，潜移默化地接受文明礼仪、理想道德、安全卫生等方面的教育，正所谓"春风化雨，润物无声"。

通过表演《老虎照镜子》，孩子们在无形中感知到与人为善的道理；学会用微笑面对生活，面对世界；懂得"你希望别人怎样待你，你也要怎样对待别人"。《大脚丫跳芭蕾》，在孩子们的幼小心灵里播下自信的种子，让孩子们学会正确地看待自己和他人。《小青虫的梦》表现的是一只小青虫的梦想。表演或观看完这个节目之后，孩子们在心中对梦想的意义有所认识，激发起他们对梦想的追求。同时通过扮演绘本角色、排演绘本内容、表演绘本阅读感受、演绎绘本情感，让绘本人物"活"起来，让学生充分感受到绘本的魅力。

（三）创：绘随童心——儿童绘本创作

苏霍姆林斯基说过："儿童是用形象、色彩、声音来思维的。"孩子们读的绘本多了以后，画面和语言的积累更厚实了；孩子们的思想和情感也更活跃、更丰富了，于是，绘本创作也就水到渠成了。

通过绘本创编故事，根据阅读的绘本故事内容，学生结合自己的感受，加上合理的想象，创编属于自己的绘本故事。创编形式可以是改编，也可以是续编。在阅读完《蚯蚓的日记》之后，学生以小组为单位进行改编，创作了《蚂蚁的日记》《蜻蜓的日记》《青蛙的日记》等。在读完《小猪变形记》后，学生续编小猪变形后发生的其他有趣的故事，于是就有了《小猪变形记2》等系列绘本。

鉴于此，我们趁热打铁，进行了项目学习，我们依托课题，鼓励学生大胆进行绘本原创。教师进行"基于儿童心理的绘本与写作"专项课题研究，开发了精美绘本插画、平面绘本创作、立体绘本制作、绘本习作等课程指导绘本创作。

《立体绘本制作》项目计划书

1. 项目目标

（1）通过引导学生大量阅读立体绘本，让学生爱上阅读。

（2）通过学科融合教学，引导学生进行立体绘本创作。

（3）通过活动引导学生分享绘本制作经验。

2. 项目概要

为弘扬社会主义核心价值观，传承中华美德，提高学生的绘本制作水平，美术教师与语文教师合作教学，将"立体绘本制作"作为本项目的内容。原创立体绘本是指由个人自行创作、设计、制作完成的绘本，从文字、图画到制作封面、封底、内页都需要构思、设计、编排并运用绘画技巧完成。引导学生从"立体绘本制作"去认识绘本、爱上绘本，去体验创作的成就感，培养学生阅读兴趣。

3. 项目主题

这个项目关注的是学生动脑思考、动手操作能力，培养他们的听、说、读、写、画等多元智能，围绕"绘声绘色，扬中华美德"主题开展"立体绘本制作"项目。

4. 项目框架

学习流程如图2-2-1所示。

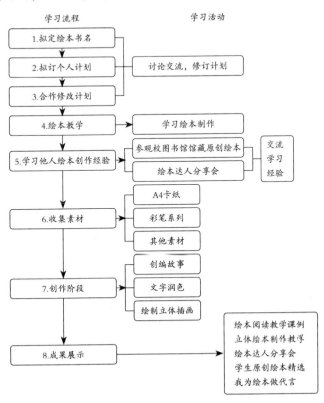

图2-2-1

49

（四）写：书写成长——儿童绘本写作

《义务教育语文课程标准（2011年版）》将写作教学在小学阶段分为两个阶段："写话"和"习作"。第一、二学段的习作要求特别指出儿童是习作的主人，也是习作教学的主体。儿童的习作应该是用童眼观察世界，用童心感受世界，用童言表达世界的一种自然倾吐。在对部编版和人教版三年级上下册及四年级上册教材中的习作内容与要求进行比较后，感受到部编教材中习作的题材更生活化，更贴近儿童的真实生活，对学生习作方法的指导也更加具体。部编教材重视语言的积累，更鼓励儿童写自己的真经历、真感情。反观我们的习作教学，多年来一直是语文教学中重要却无法突破的一项内容。学生习作积极性不高，甚至把习作看作一种痛苦和负担。低年级学生阅读量小，词汇积累少，难以用其所拥有的积累说出达到老师要求的话；在中年级习作起步阶段，从写话到习作的跨度较大，而教师的习作教学又有模式化倾向，没有从儿童的视角出发，导致学生表达固化，失去了儿童应该具有的童真童趣和生活体验中一颗真正的童心。

我们发现，绘本以其图文并茂的形式贴近学生生活，从而更能激发学生兴趣；绘本的语言整齐、反复、有韵律，是引导学生在阅读中进行表达训练的最好范例；绘本又有很多的想象空间，能让学生展开想象，自由创作，课堂上，学生思维活跃，积极表达，取得了非常好的效果。但是，这一阶段的实践只停留在读的层面，读的同时，教师也会根据绘本内容让学生展开想象进行创编，只是就本论本，没有系统整理，所以更像是表达为深度阅读服务。因此，在已有绘本阅读基础上，让教师改变习作观念，用儿童的视角来审视和评价学生习作；加强对低中年级学生写话、习作困难点的分析，对低中年级习作目标的解读，设定小而具体的研究目标，分层级、分步骤探讨凭借绘本让儿童用自己的语言灵性表达成为绘本习作课的初衷。

综合收集到的资料，我们可以提炼出绘本习作的实践价值：寻找教材与绘本中的契合点，帮学生获得写作素材与方法，链接生活体验，唤醒写作话题，调动学生写作的兴趣与热情。基于前期有关绘本读、演、创等各方面的研究与做法，我们的研究思路开始逐步向"绘本与写作"方面进行过渡和倾斜，通过梳理部编教材中写作训练的内容，寻找与之契合的绘本书目，进行写作方面的引领与指导，降低学生写作难度，激发学生写作兴趣。

总之，通过引导学生借助绘本进行"读、演、创、展、写"的阅读实践，改变阅读方式，丰厚阅读过程，激发写作兴趣；在推动学生阅读、表达的过程中，教师不断实践、探索、总结、反思，提升教学能力与研究能力，从而使学校语文教研组建设及管理达到了新的层次和水平。

（五）项目成果

在项目完成过程中要对自己的原创绘本进行过程说明和结果展示，梳理此次活动的得与失，总结后形成一份创作心得。项目的最终作品是一本原创立体绘本。

1. 整理

每班将同学们自制的立体绘本在班级群里进行展示，形式不限，并把作品整理分类，为校园展评做准备。参与分享活动。

2. 晒作品

推选出精品立体绘本，教师再加以指导，准备参加校级绘本展示，最后将精品以"我为绘本做代言"的形式发布到网站、微信公众号上。

3. 讲精品

经验汇报：对班级项目进行过程说明和结果展示，梳理此次活动的得与失。

4. 评价细则（见表2-2-1）

表2-2-1　评价细则

项目	标准	自评	伙伴评
作品内容	原创作品。绘本设计新颖，有自己的观点，插图适宜、精美		
展示交流	大方自然，表达流畅。 能分享绘本制作的小窍门。 录制视频，态度自然大方		

二、项目规划

1. 绘本教学

（1）绘本阅读教学。

（2）立体绘本制作教学。

2. 实施阶段

参观校图书馆馆藏原创绘本。

绘本达人分享会。

3. 成果展示

（1）学生原创绘本精选。

（2）我为绘本做代言。

三、项目实施

1. 绘本阅读教学

"小霸王"与"小榜样"的距离

——一年级绘本阅读教学案例

一、案例主题

部编语文一年级下册第三单元以"伙伴"为主题，通过《小公鸡和小鸭子》让大家明白了朋友之间要互相帮助。课堂上我设计了这样一个环节，请同学们联系生活实际，完成"当朋友遇到_____困难的时候，我要_____"的句式训练。大家都表现得相当踊跃和懂事，一张张小嘴里全是互相帮助的浓厚情谊。但是一下课，男孩子们该打的打，该闹的闹。有同学的文具掉到了地上，路过的同学竟然视而不见。两人之间打闹，围观的同学不仅不劝，反而加入"战争"……朋友之间互相帮助的誓言早已忘到九霄云外。细细分析，我认为，这是一种普遍存在的课堂与生活脱节的现象，需要我们为人师者在这个时候引导学生一下，让他们将学到的知识与现实生活联系起来。但是单纯的说教对于一年级的孩子来说，无异于耳旁风。绘本深受一年级学生的喜爱，于是在学完《小公鸡和小鸭子》之后，我和同学们阅读了一本名叫《班里来了小霸王》的绘本故事。

二、案例描述

《班里来了小霸王》讲述的是发生在幼儿园里的故事，小兔约翰总是以一个"小霸王"的姿态同身边的小朋友们相处，与同学之间发生了许多冲突，如挠别人的脸、抢同学的玩具等。这种事情经常在一年级的小朋友身上发生，这么小的孩子其实是没有恶意的，只是不知道如何与别人相处而已。我想通过与这个主题相关的绘本，从情感认知上明确告诉大家：每个人都有缺点，真正的朋友从来不会袖手旁观，我们既不要做这样的"小霸王"，也要在遇到这种"小霸王"的时候通过友善的方式去提醒和帮助他改正缺点。同时在阅读的过程中，对课文中提到的语文要素"词句的积累和运用""读好人物对话"，在学完《小公鸡和小鸭子》后做一个延伸和拓展。

读完故事后，我先请大家说一说：你最喜欢里面的哪一位同学？又最不喜欢谁？为什么？同学们都纷纷表示很喜欢托尼，因为他在约翰刚来到幼儿园的时候主动要求和他坐在一起；最不喜欢"小霸王"约翰，因为他和小朋友们熟悉后光欺负大家。此时，同学们的喜恶之情已经非常明显，所以我顺势引导："你能把对其他小朋友的喜欢和对小霸王的讨厌读出来吗？"分角色朗读很受大家的欢迎，因为有了真实的情感铺垫，读起来还真是有模有样。

接着我出示了其中的一段文字让同学们进行对比阅读。

（1）"快点，该我了！"性急的约翰将动作有些慢的潘妮一脚踢下了滑梯。

（2）"快点，该我了！"约翰将动作有些慢的潘妮一脚踢下了滑梯。

"去掉'性急的'几个字行不行？你知道为什么吗？"

因为之前在学习《小公鸡和小鸭子》的时候，对"小公鸡偷偷地跟在小鸭子后面，也下了水""小鸭子飞快地游到小公鸡身边"中的"偷偷地""飞快地"进行过类似的对比训练，学生可以通过联系上下文、揣摩人物心理、联系生活实际了解这些词语的意思。在这里是对这一要素的拓展巩固训练，同时对理解约翰的人物形象有很大帮助。

在此基础上，我开始对他们进行思想上的引导。我和孩子们一起梳理了约翰做过的"坏事"，请他们联系一下现实生活，找一找自己身边有没有这样的"小霸王"。大家开始回忆、搜罗身边同学所做的"坏事"。此时，我请他们换位思考：这些同学真的是"坏人"吗？他们为什么总是做这些令人讨厌的"小霸王"做的事情呢？一年级的孩子当然说不出为什么，我播放了一段提前录好的音频，告诉大家：我去找"小霸王"了，他知道自己做错了，哭着说出了原因，仔细听。当然，音频中的"小霸王"肯定要说自己很想交朋友，只是不知道该如何与大家交流而已。看到同学们边听边点头的样子，我顺势引导：每个人都有缺点，作为同班同学，我们应该怎么做呢？大家七嘴八舌，我又引导他们重读绘本，以同位两人为一组，任选一个事件，讨论正确的做法是什么。为了规范语言，我提供了这样的范例：我们组选择的是_____这一件事，当约翰想_____的时候，他可以这样说："_____"。展示交流中，所有的"小霸王"都痛改前非，都学会了和同伴友好相处。我把大家说的及时记录下来，整合成了一个新的故事，然后读给所有的同学听，并取名叫"班里来了小榜样"，同学们特别兴奋。

虽然有了这样的引导，但如果没有及时地跟进评价与引导，一切还会回到原点，于是我给同学们布置了一个课后任务：用你明亮的眼睛去看看谁是你身边值得学习的朋友，你又是谁学习的榜样。把他们对你的帮助和你对他们的帮助记录到本子上，我们每天一评，看看谁是真正的小榜样。

三、案例诠释

回过头来看这一节课，其实我的目的很单纯，不想让绘本承载太多的任务，让一年级的学生喜欢上阅读是首要目标，读得准确，读出自己的喜恶就可以了。然后是通过绘本这个媒介，学会如何与他人友好交往，深化同伴之间要互相帮助的美好情感，这种帮助不是口号式的，而是要有具体行动的帮助，让"互相帮助"的概念更加具象，同时找出榜样人物，激励同学们都做生活和学习中大家争相学习的榜样。

在阅读过程中，因为"约翰"这个角色贴近孩子们的生活，所做的事情经常在班里发生，甚至有些事情就发生在自己身上，所以孩子们阅读时的代入感很强。现在站到故事之外去评价"约翰"这个人物，同学们都纷纷表示很讨厌这样的人，讨厌他所做的那些事。课上我让大家充分朗读，读出那份厌恶，读得越有感情，对"小霸王"的所作所为理解得就会越深入。同时联系生活实际，进行换位思考，通过规范句式的引导，将约翰正确的做法具体化。与其说是帮助约翰改正错误，不如说是改正自己身上的错误。

总之，学生身上无小事，需要我们用心去发现、引导和反思。"小霸王"如此，"小榜样"亦是如此；课文阅读如此，绘本阅读亦是如此；教学如此，教育更是如此……

2. 立体绘本制作教学

"立体绘本制作"教学设计

一、学习目标

（1）初步掌握运用卡纸进行立体绘本创作，培养动手操作能力。

（2）体验综合探索活动的乐趣，感受立体绘本的乐趣。

（3）培养自主、合作、探究的意识与习惯。

二、教学重难点

（1）通过观看制作视频和教师示范，掌握立体绘本制作方法。

（2）培养学生的审美能力与审美情趣，提高创作能力。

教学媒体：教学课件、勾线笔、素描纸、卡纸、水彩笔、剪刀和双面胶、立体绘本的相关资料和图片等。

三、教学过程

1. 导入新课

上课之前，我们一起来看一段视频。10月22日，《济南日报》整版报道了学校小绘本绘就成长无限可能。原创绘本新书发布会也在我校举行，在红毯上的这位同学是我们学校的李俊泽。他创作的绘本《鸣虫乐队》也正式出版了。老师把这本书的放大版也带来了。但是老师今天又带来了一本不一样的绘本，我们一起来看。

它是立体的，我们称它为立体绘本。同学们想不想学习制作立体绘本呢？那就跟随老师一起开启立体绘本奇幻之旅吧！出示课题：立体绘本制作。

2. 探究新知

（1）说到立体绘本，我们要先认识一个人，他就是立体书大王，罗伯特·萨布达，这些都是他设计的立体绘本，其中最出名的作品就是《爱丽丝漫游奇境》，我们一起欣赏一下。

（2）我听到了同学们的惊叹声，这本立体绘本运用了很多泥的制作方法和小机关，那最早的立体绘本是什么样的？我们一起来看这张图片，你看到了什么景象？猜想一下，你觉得是如何制作，才出现了这种纵深的效果的？

（3）我们来揭秘，这本绘本运用了很多层，最前面的一层有一个小孔，我们从孔中看去就会出现纵深的景象了，这种绘本叫作西洋镜立体绘本，我们拉动绘本画面还会动起来呢！

（4）立体绘本总是带给我们很多惊喜，看这本书，绘本是什么样子的？你们最喜欢的小猪佩奇一家也来了，还有我们温暖的家，同学们看这三本绘本和其他绘本，最大的不同之处是什么？书身设计，那我们称它为异形立体绘本。

（5）看，这本绘本是怎么动起来的？

（6）再来看这本绘本，打开页面，画面便会立起来，你觉得这是用了什么方法？我们来看反面。有一个底座粘贴在画面上，我们称它为底座粘贴绘本。

3. 学生实践

下个月我们学校就要举行绘本比赛了，同学们想不想参加呢？

同学们小组合作，利用抽拉纸条或者立体底座的方法制作一页立体绘本，在优美的音乐声中，同学们开始制作吧！

4. 作品展示（略）

5. 课后拓展

下一节课，我们将要学习绘本装帧和封面设计，将我们的单页绘本制作成整本绘本。

一书一绘一世界，一笔一描一未来

——"立体绘本制作"教学反思

整个教学活动，我本着新课程"以学生发展为本"的原则，构思设计了"立体绘本制作"，通过此表的使用让学生在获得审美体验的同时，关注并乐于参与教学活动，以提高他们的审美能力、想象力、设计能力与评价能力。每个环节都紧紧围绕主题，循序渐进地展开，并且注重各环节之间的自然衔接。

在课堂上，我充分利用多媒体课件与师生作品提高教学效率和教学效果，精美的立体绘本直观地展现给学生，吸引学生注意力，激发学生兴趣，调动学生学习积极性，增强课堂上的亲和力与气氛，有利于重点的突出和难点的突破；并通过连环式的欣赏，提高学生审美能力，拓宽学生的想象力与设计能力，为整个教学活动增添了美感与气氛，收到了很好的教学效果；同时采用欣赏思考、设置情境、启发引导、交流总结、讨论评价等多种教学方法，引导学生思考、讨论、交流，有利于培养学生自我获取知识的能力和设计意识、参与意识，对学生的健康、全面发展起到了促进作用，受到师生的赞同与认可。师生互动贯穿整个活动，使整个活动在轻松愉快、民主和谐的氛围中进行。

在资料的选择上既符合教材的要求，又能够拓宽学生的视野，内容精彩，深受学生的喜爱。本节课的不足之处：对经典作品的欣赏偏多，个别经典作品虽设计巧妙，但忽略了学生的理解力。

这节课的高潮是学生的自我评价：学生通过自我评价提升审美的能力，加强对自我作品的反思与探索。有些学生的评价语言流畅，分析精辟。学生的活泼、天真、谦虚、幽默、自信、聪慧等一并体现。教师即兴点评，充分体现了教师的内涵与基本功，富有激情的评价，让学生陶醉于成功的喜悦中，更给予了学生学习的自信。本课展示的立体绘本都是学生感兴趣的，如镂刻书、异形书、抽拉纸条等。引导学生欣赏并结合各种形式的教学活动，提高学生的审美能力，使学生初步形成设计意识，为突破困难铺平道路。本课属设计应用学习领域，教师不仅要了解书籍装帧的基本知识，还要在教学中找到切入点，引导学生把学过的美术知识和语文知识结合起来，并启发学生利用各种材料，大胆创新，做出新颖的立体绘本。

（教师：任强强）

3. 绘本达人分享会

每个孩子都是一名艺术家，他们能敏锐地感知身边的一切，并用令人称奇的创意手法表现出来。

《嗨！四（3）班》创作故事分享

五年级（3）班 李俊泽

尊敬的老师，亲爱的同学们：

大家好！非常荣幸在这里跟大家分享我的绘本创作故事。上学期学校举办绘本创作比赛，我很想参加，但却想不出画什么，一连好几天，我茶不思饭不想，但还是没有想出来。每天放学回家，我都给爸爸讲班里发生的趣事，所以爸爸就给我出了一个很好的主意："要不你就画你们班吧！"这个主意好，让我顿时有了灵感，于是我打算以我们班的同学为原型创作一个绘本故事，并取名《嗨！四（3）班》。"嗨！"表现了我们班同学活泼、调皮、快乐、阳光的特点。

知道了画什么，可是应该怎么画呢？我绞尽脑汁地想，想了很久，同学们一张张可爱的笑脸浮现在了我的脑海里：他们有高的、有矮的、有胖的、有瘦的，他们有喜欢运动的，有喜欢学习的，有热爱劳动的，有热爱同学的，有喜欢为班级做贡献的，他们都是四（3）班里不可或缺的一员。人物特点有了，我又该怎么把同学们的特点用绘画的形式表现出来呢？我在创作时运用了夸张、对比的方法，就拿七壮汉来说吧，我们班拔河很厉害，对手班级一个个趴倒在地，爬不起来了，衬托出了七壮汉的力大无穷。我又该如何分配人物呢？在我的作品中，既有男生又有女生，既有个人的画像也有三五个人的群像，总之，要尽可能地表现出同学们的特点。在绘画的手法上，我本来想用五彩缤纷的水彩笔进行涂色，可是勾完了线条准备涂色时，我却发现，不加装饰用黑白线条的效果更好，于是，我就改为线描了，这样保持了原稿的样子。在内容的写作手法上，我采用了总分总的方式，先从介绍学校、班级开始，进而细化到了班里的每位同学，并且句式统一，每一页都以他、她、他们、她们开头，像猜谜语一样，带着一种神秘感，最后才指出人物的名字。整本绘本表现了我对学校、班级、老师、同学的热爱。

为了保证这个绘本的质量，我花了整整一个星期的时间去创作，从构思起草到修改完善。我每天画两幅，并反复修改句子，认真抄写，在老师和爸爸的帮助与指导下，我终于完成了作品，并装订成册。看着最后的成果，我心里甭提有多高兴了，我不光为自己高兴，也为四（3）班高兴。

当得知我的绘本故事获得区一等奖的时候，我的心情十分激动。颁奖那一天，我不光得到了证书与奖品，还有幸与著名的绘本作家于大武先生合影，得到了他的亲笔签名。这些成绩的取得，都离不开老师、同学和爸爸的支持，离不开我坚持不懈的努力。这让我懂得，只有付出才有收获。

这就是我的绘本创作故事，以后我还会继续努力，创作出更多更好的绘本作品。感谢大家的倾听。

我的创绘之旅

各位同学，大家好！我是来自五年级（3）班的陈睿泽，今天，我来给大家分享一下我的绘本创作历程。

我的绘本起源于四年级下册的一篇课文《生命生命》，作者是台湾残疾女作家杏林子。这篇文章写了瓜苗在砖缝中生长、飞蛾在指尖求生以及静听自己的心跳三件事，告诉我们要珍惜自己的生命，不要白白糟蹋它。

后来，我们的语文老师布置了一篇作文《生命的意义》，在这篇作文里，我也写了三个事例：妈妈养的多肉掉下了一片叶子、爸爸养的孔雀鱼、我捉到的一只"知了猴"。

再后来，"享创绘之乐，扬中华美德"绘本比赛开始了，我便把这篇作文创编成了绘本。就是大家现在看到的这本书。

封面上，"生命生命"四个字是绿色的，因为绿色代表生命。蝴蝶页上写着泰戈尔的诗句："使生如夏花之绚烂，死如秋叶之静美"。

我常常想，生命是什么呢？

我家养的多肉有片叶子掉到了窗台上。几天后，那片叶子竟然发芽了！即使没有土壤和水分，它也奋力地生长着，它的生命力是不是很顽强？

我家养了几条漂亮的孔雀鱼，有一只肚子鼓鼓的。过了一段时间，哈，孔雀鱼生宝宝了！我可开心了，每天都去看鱼宝宝长大了多少。我想，生命的诞生就是充满了希望和喜悦吧。

有一天，我在外面发现了一只知了猴。我见知了猴蜕壳十分困难，便帮了它一把，把它从壳里拽了出来，没想到，它的翅膀竟然打不开了。同学们，你们可不要像我这样"好心做坏事"呀！

应该让它自己从壳里钻出来的——属于自己的磨砺应该自己去完成，别人无法代替。只有经受磨砺，生命的羽翼才能展开，才能坚强。

同学们，这就是我的绘本创作之旅。生命中还有无数精彩等着我们去发现，去体验，你们准备好了吗？

我的演讲完毕，谢谢大家的聆听！

绘本创作我来说

大家好，我是五年级（3）班的程鑫烨。

我的绘本主人公莉莎从小就怕爸爸妈妈离开她，可是这一次家里只留下莉莎一人，所以她很害怕，于是就去找好朋友们。她先去找小老鼠，小老鼠和她一起睡觉，她们两个听见外面有一阵奇怪的声音，很害怕，就去找小猪了。小猪看到莉莎和小老鼠就立刻迎了上去，她们躺在一起，莉莎想："真好，这下安全了。""当当当"这声音又响了起来，她们吓得闭上了眼睛。

第二天一大早，莉莎她们就早早地起床了，莉莎该回家了，伙伴们一起送她回家。回家后，她们才明白，原来昨晚的怪声是爸爸妈妈敲门的声音，可把她们吓了一大跳。昨晚，莉莎的爸爸妈妈回来，进门看莉莎不在家，就去找莉莎了，见小老鼠家里没人，去了小猪家才知道，莉莎和小老鼠在小猪家，可把他们担心坏了。

从此，莉莎就不再害怕一个人在家了。

以上就是我创作的绘本内容。

因为我从小就害怕一个人在家，在创作本次绘本的时候，我就以莉莎这个形象把我的生活表现出来，所以同学们创作绘本要以生活为基础，真实的生活才是我们创作的丰富源泉。

我的分享完毕，谢谢大家。

学校连续举办7届原创绘本大赛，其间涌现出很多绘本小达人，所以这次的分享会，重点让小达人们将创作绘本的经验和智慧分享给更多的同学，让更多的学生掌握创作的方法和技巧。

总结本次分享会，有以下几个特点。

（1）分享的小达人认真准备，制作了精美的课件，将准备的文稿用流畅的语言说了出来，激情投入，非常吸引台下的学生。

（2）分享的同学表情非常丰富，肢体语言大方得体，声音抑扬顿挫，很有感染力，这样的分享经历让他们更加自信。

在老师和小达人的共同努力下，此次分享会非常成功。相信今后会有更多的学生在原创绘本大赛中脱颖而出，成为分享会的主角。

4. 学生原创绘本精选

立体绘本创作大赛参赛作品要求

（1）参赛作品应为完整的一本绘本（手工书），有封面、内页、封底；采用平装、精装或立体书等方式制作均可；开本大小不限；使用材料不限，水彩、蜡笔、水墨、拼贴皆可；具有艺术性，富于创意。

（2）图画能完整诠释主题内容，通过情节、概念、角色、场景等烘托氛围，整体视觉效果具有艺术美感，充满童趣和想象力，且与文字结合紧密。鼓励艺术创新，形式新颖多样别致。

（3）绘本故事内容可以是改编自现有素材，也可以是原创的，主题积极向上，有想象力，以图画为主，文字简洁，情节完整。

附：

原创立体绘本作品。

（1）《寒假里的一件趣事》作者：杜梦真（见图2-2-2至图2-2-7）。

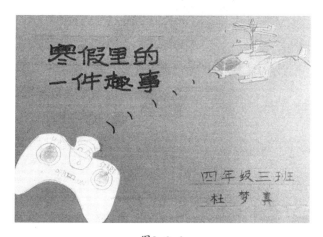

图2-2-2

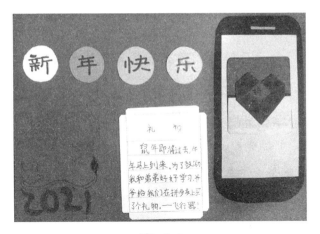

图2-2-3

图2-2-4

图2-2-5

图2-2-6

图2-2-7

（2）《可可和豆豆》作者：马忠泽（见图2-2-8至图2-2-14）。

图2-2-8

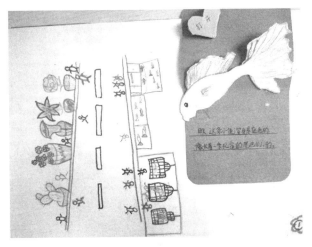

图2-2-9

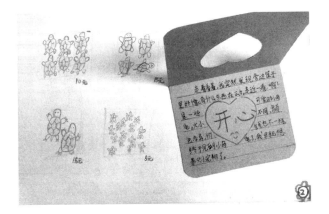

图2-2-10

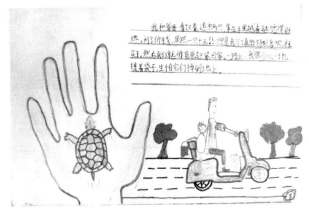

图2-2-11

图2-2-12

图2-2-13

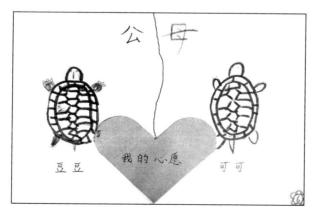

图2-2-14

（3）《欢乐中国年》作者：王铭扬（见图2-2-15至图2-2-23）。

图2-2-15

图2-2-16

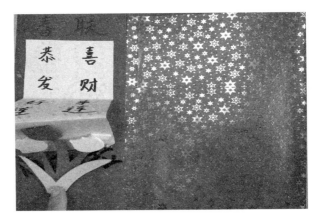

图2-2-17

图2-2-18

图2-2-19

图2-2-20

图2-2-21

图2-2-22

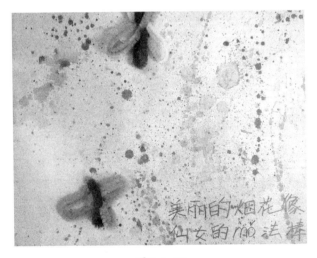

图2-2-23

（4）《闪闪的红星》作者：贾春阳（见图2-2-24至图2-2-26）。

图2-2-24

图2-2-25

图2-2-26

（5）《鸡毛信》作者：路云卓（见图2-2-27至图2-2-32）。

图2-2-27

图2-2-28

图2-2-29

图2-2-30

图2-2-31

图2-2-32

绘本创作除了语文教师进行创作指导外，还有美术教师参与教学。任强强老师开展了多期绘本制作培训活动，从专业的角度对图书的画面制作展开详细讲解，用实物举例的方式给同学们详细地做了培训。书中画面的呈现是自制绘本中重要的一环，其表现方式是多种多样的，我们应根据图书的主题选择最佳的图书画面制作方式。一般来说，绘画是学生最擅长并经常使用的。除此之外，还有更丰富的图书表现手段——立体画。针对这种形式，任老师给同学们详细生动地介绍了制作教程，同时通过观看立体绘本的小视频，书中美丽的人鱼小姐、穿着粉色长裙的金发公主……一个个形象跃然纸上。多样的表现手法让自制绘本更加精彩纷呈，令人爱不释手，学生更加深刻直观地体会到"立体画"的形式会使绘本制作更加精美。

经过各科教师耐心的指导，同学们对自制绘本有了深刻的认识，也有了属于自己的新的想法。经过此次培训，大家的绘本制作水平有了提高，认知能力、动手操作能力也得到更大的发展，阅读兴趣也更加浓厚，从而为以后制作绘本打下了坚实的基础。

浏览同学们的参赛作品，均为完整的一本绘本（手工书），采用立体书方式制作；使用各种材料：水彩、蜡笔、水墨、拼贴等；图画能完整诠释主题内容，故事内容有改编自现有素材的，也有现实生活的反映，构思巧妙，颇具匠心。

5. 我为绘本做代言

我为绘本做代言　第6期《欢天喜地过大年》

大家好！我是三年级（3）班的杜梦真。今天，我为绘本做代言，我的立体绘本作品是《欢天喜地过大年》。

春节是我国的传统节日，也是全家团聚、阖家欢乐的日子。春节有好多好多的习俗，如放爆竹、贴对联、守岁、拜年、走亲戚、等等。下面，请大家一起跟着绘本的镜头，聆听我讲述过年习俗的故事吧。

相传，中国古时候有一种叫"年"的怪兽，每到除夕这天，它就会进村伤害百姓，人们为了驱赶"年"这种怪兽，便在各自的大门上贴大红纸，在院子里燃烧竹子，"年"看到红的，听见"啪啪"的响声，再也不敢进村伤害百姓了。从那以后，每逢过年，家家户户贴对联、燃放爆竹，并一直延续到今天，这就是年的由来。

贴对联。古时候，过年有悬挂桃符的习俗。桃符是用桃木做的，有压邪驱鬼的作用，后来逐渐演变为用红纸书写张贴。贴对联很有讲究，对联分为上联、下联、横批，上联贴在门框的右边，下联贴在门框的左边，横批贴在门楣的中间。

守岁是过年的重头戏。除夕夜，一家人团聚在一起，酌美酒，品佳肴，看春晚，守夜迎接农历新年的到来。晚上子时还有吃饺子的习俗，守岁时包，辞岁时吃，寓意更岁交子，团圆福禄。

拜年。大年初一，人们早早起来，穿上新衣服，打扮得漂漂亮亮，出门走亲访友，互相拜年。拜年先给长辈拜，晚辈给长辈拜年可以得到压岁钱。古时候，压岁也叫压"祟"。"祟"是传说中的妖怪，每到大年三十就会出来伤害孩子，为了驱邪，人们用红纸包上八枚铜钱，偷偷放在孩子枕头底下，保佑孩子平安。

回娘家。正月初二，是出嫁闺女回娘家的日子。过去，由于受封建思想的影响，过年有出嫁闺女不能回娘家的说法。如今，随着社会的发展和文明程度的提升，人们不再循规蹈矩，可以在双方父母家过年。

金猪送福去，玉鼠迎春来。今年春节，是一个不平凡的春节。疫情过后，我们将迎来一个阳光明媚的春天。

[三年级（3）班　杜梦真]

我为绘本做代言　第7期《动物园》

大家好，我是三年级（3）班的周怡晓。今天我为绘本做代言，我的作品是《动物园》。

又是美好的一天，我和爸爸妈妈准备去动物园游玩。想想动物园壮观的大门，再想想那些可爱的动物，我们迫不及待地出发了。

我们来到动物园的大门口，果然还是老样子。动物园的大门全部用石头做成，非常坚固。我们手拉手走进了动物园。

我们来到第一站：孔雀园。孔雀开屏可漂亮了，像一把巨大的羽毛扇。羽毛的颜色黄、蓝、绿相间，像是无数的大眼睛看着我们。

第二站：兔子窝。一只只小白兔在草地上蹦蹦跳跳很开心。小兔子身穿雪白的衣服，竖着两只长耳朵，一双像红宝石一样的眼睛。

大熊猫很可爱，有着可爱的黑眼圈，白白胖胖的身体，走起路来憨憨的，像喝醉了的人摇摇摆摆的，特别可爱。

时间过得很快，不知不觉太阳下山了，我们恋恋不舍地回家了。

[三年级（3）班　周怡晓]

我为绘本做代言　第8期《不一样的春节》

新的一年，新的希望，新的历程，新的突破，承载着我们新的梦想。

大家好，我是卢锦程。我将带大家感受中国的传统节日——春节。

"爆竹声中一岁除，春风送暖入屠苏；千门万户曈曈日，总把新桃换旧符。"跨进新年的门槛，延续着幸福的主线，红火的日子翻天，熟悉的笑脸灿烂，吉祥的色彩斑斓，欢乐的颂歌不断，久违的问候温暖，新春佳节，愿你新年快乐！

有一抹色彩叫作阳光，有一款装饰叫作心意；

有一种味道叫作温馨，有一份祝福叫作平安！

春节送你一件外套，前面是平安，

后面是幸福，吉祥是领子，

如意是袖子，快乐是扣子，

口袋里满是温暖。

穿上吧，让它相伴你的每一天！

家和和睦睦，一年开开心心，

一生高高兴兴，一世平平安安，

天天精神百倍，月月喜气洋洋，年年财源广进。

春节使你天天快乐！

一份和谐，平平安安；一份安然，快快乐乐。

一份深情，吉祥如意；一份祝福，全家幸福。

圆满结束一年，开始新的一年，一起努力，再接再厉。

但是今年却是一个不同往常的新年，家家户户的大门紧闭，没有拜年的热闹。一个病毒的出现，使我们的生活笼罩了一层阴霾……

[三年级（3）班　卢锦程]

再让我们听听学生们的创作心得吧！

绘本创作介绍

在此次的寒假中，老师布置了一份有趣的作业：制作立体绘本。一开始我毫无头绪，做个什么绘本呢？我灵机一动，既然过春节，那就做一个与春节有关的绘本吧！

一个好的作品，就得能抓住别人的眼球，吸引别人的注意力。所以我先制作封面。既然是新年的主题，那就要选择一个鲜艳的颜色作为底色。橙色活泼抢眼，就选它了！于是，我继续用喜庆的红色马克笔写下四个字：新年快乐！为了让字体更加立体，我又将它的边描上黑色，简洁又明了！爆竹声中一岁除嘛，那就在它的下面放上几个烟花爆竹，在它的上空绽放出绚丽的烟花，五彩斑斓，绚丽夺目！

打开这册绘本，映入眼帘的是一副对联：年年顺景财源广，岁岁平安福寿多。横批：吉星高照。这是我们每年春节都要做的一件事，贴对联，挂灯笼。新年新气象嘛！

关于对联：对联，中国传统文化之一，又称楹联或对子。写在纸上或刻在竹子、木头、柱子上的对偶语句。对联对仗工整，平仄协调，是一字一音的中华语言独特的艺术形式。对联是中华传统文化的瑰宝，起源于秦代，雏形就是我们常说的桃符。

但是今年却是一个不同于往年的新年，家家户户大门紧闭，没有拜年的热闹，也没有走亲访友的热情。一个病毒的出现，使我们的新年笼罩了一层阴霾……

病毒，你为什么那么坏？

这个春节，最经常戴着的就是口罩了吧：一旦出门，必戴口罩！不然会被传染上病毒。

在家也要勤洗手，讲卫生，消毒杀菌，绝杀病毒。

爸爸妈妈要求我们不能出门，我们还觉得委屈。可是再看看那些最美逆行者，他们舍弃了自己的家庭和亲人，坚持奋斗在一线，与疫情做斗争，随时都有可能丢掉宝贵的生命，他们就不感到委屈吗？

最让我敬佩的还是钟南山爷爷，他老人家已经80多岁高龄了，还坚持在一线指挥这场没有硝烟的战争，钟南山爷爷，您在我心里是最棒的，我要向您学习！

我们万众一心，没有翻不过的山；心手相牵，没有跨不过的坎。武汉加油！中国加油！我们一定能打赢这场仗！

待春暖花开时，我们一定会迎来一个平安健康，充满欢笑的鼠年！

这就是绘本的全部内容，以后我还会继续努力，创造出更好的绘本作品。

通过这次活动，各年级的学生对于绘本阅读和制作的兴趣被激发与调动。活动中，语文教师对学生进行绘本创造和分享的指导，激发了学生对于绘本制作和分享的热爱与向往之情，同时学生通过制作、亲子阅读等方式，将自己制作的绘本与同伴、爸爸妈妈相互分享，每个孩子都真正沐浴在书香之中。

绘本符合孩子的思维特点，更能激发孩子的阅读兴趣，在孩子小的时候，作为教师和家长首先要考虑的是怎样培养孩子的阅读兴趣与习惯。图画语言比文字符号更加直观，更加符合儿童形象性思维的特点，更能激发孩子的阅读兴趣。学生自己制作绘本，更加有成就感，实现了画和写的综合能力的提升，并进一步提高了动手能力和对绘本的兴趣，激发了创造力。本次活动历时三个月之久，学生共制作绘本800余册，其中被评为优秀绘本200余册，共收到绘本分享视频50余个。学生制作视频分享自己的绘本，激发学生在实践、体验、观察和模拟的过程中构建知识，获得有意义的经验，使每个孩子都得到自主、和谐的发展。

四、项目完成

通过立体绘本创作让学生采用同伴互助、亲子合作等方式，既降低了绘本原创的难度，又培养了他们的合作意识。学科教师搭建创作绘本的支架，激发学生创作绘本的热情。语文学科引导学生揣摩图画，建构内心独白，引导学生对生活、自然、文化进行了解与观察，激发学生的想象力、创造力和表现力，引导学生自主探索与发现，以多样的姿态让学生体验创作的愉悦，润泽学生的心灵成长。美术学科通过点拨图画的色彩表达、平面与立体创作形式，让学生从空间直观感受绘本的意境，捕捉绘本语言之外的信息，并透过斑斓的色彩展开大胆的想象，在内心建构起丰富的语言世界。原创绘本大赛成为学生原创绘本的斗秀场。学生李俊泽的《鸣虫乐队》、李昊哲的《想活着这么难吗？》等45人的原创绘本也在区"享创绘之乐　扬中华美德"主题原创绘本大赛中获一、二等奖。《鸣虫乐队》《想活着这么难吗？》两部原创绘本被中少社和新华书店联合出版发行。

近几年来，我们举行了多场多种形式的绘本创作分享会。在原创绘本大赛中，路文溢的《病毒军队》、赵天舒的《馅饼快回来》、荆澜熙的《意外的碰撞》等多部作品，通过以展代评的评选方式脱颖而出；在多场原创绘本达人经验分享会中，胡宁洋、李汶悦、王垚智、王铭扬等多名同学以自己获奖的作品为例，结合自己平时读书的经验，讲述自己的创作过程，告诉大家创作绘本并没有想象中那么难；"我为绘本做代言"共发布12期，赵一铭、贾春阳、李昊哲等多名同学借助自己创作的绘本为大家讲述了立体绘本的制作小妙招，解开了孩子们制作立体绘本的困惑；为使更多学生感受绘本的魅力，学校联合新华书店开展"享绘乐"公益阅读推广系列活动，已举办6期；2020年9月学校承担区全阅读项目原创绘本新书发布会。

原创绘本是儿童内心世界最真实的流露。在每一次分享中，小创作者们都会讲到自己平时的阅读习惯、创作灵感的来源及创作经历。无论是哪种形式的分享活动，都增强了创作小达人的自信心，并使他们自身有了更大的提升。每一位听众都能获得这样的信息：留心观察生活、感受生活是创作的基础，阅读则是保持创作灵感的秘诀，多学科知识的融合是成功创作的必要条件；绘本创作经验的分享也激发了更多学生对阅读和创作的兴趣，"我想试一试""我想成为那样的他"……不仅在学生的内心种下一粒读写的种子，更激发了学生心中的创作梦。

参考文献

陈实，刁杰.小学美术绘本教学实施策略探究［J］.文化创新比较研究，2019（17）.

第三节 读书活动引导学生开展深度阅读

深度阅读既是一个静态化的阅读结果，又是一种动态化的实现过程。在实施过程中采用思维可视化的圈画批注、语言模块化的诵读积累、知识结构化的迁移运用、留白格式化的反刍重构四种阅读策略。四种策略既可以相互独立自成阅读环节，也可以相互融通形成阅读合力，它们都指向学科核心素养的培养，也是形成学生核心素养的重要路径。

为让四种阅读策略扎实落地，我们举办"少年讲坛""原创绘本大赛""读书小名士评选""诗词大会""读书嘉年华""寻找长兴最美声音""当音乐遇到经典""我爱你汉字""读书嘉年华""童声书韵""作家面对面""数学趣味故事比赛"等阅读实践活动，让阅读素养融入学生的生活，激发了学生阅读的兴趣，提升了他们思维的活力和广度，也促使师生在教与学中做到读而有法、深而有度，既建构着知识的意义，更建构着生命的意义。

提升阅读素养不能仅仅把眼光聚焦到学生身上，家长和教师也是参与者，2020年读书节，为带动更多师生和家长读书，我们开启了"云端之约"，将学校书香家庭和教师读书人物的读书好做法录制成视频并分享到网站，其中"赋予读写的力量"是活动之一。

一、全读写·读书节系列：赋予孩子读写的力量·亲子篇

第三期 共沐书的海洋，体味最美时光

又是人间四月天，伴着草长莺飞、花香袭人，我们将要迎来第25个"世界读书日"。第二实验小学第七届校园读书节拉开了序幕，邀您开启一段特殊的

"云端之约"。

父母是孩子最初的语文教师，学校的书香家庭为亲子读写支着儿，告诉家长们如何赋予孩子读写的力量。

关于亲子阅读，忠祺妈妈有话说：

首先，兴趣是最好的老师。

孩子都是一个独立的个体，别看个子还小，在他的心里却住着一个大大的世界。在这个大大的世界里，有好多新奇的东西，是你根本想象不到的，可能一段时间，他心里关于外太空的小宇宙爆发了，他会喜欢看《天空的魔力》，会看《DK儿童百科全书》。又有时，他会对历史产生浓厚的兴趣，床边柜上自然便会多了《上下五千年》，多了《史记》《孙子兵法》。再或者因为一次旅行，也许会让孩子痴迷地理环境，那么《北纬36度线》《望远镜系列地图绘本》可能就成为他手心里的瑰宝。所以，只要孩子乐意去端起书，就不要限制他，所谓"开卷有益"就是这个道理。

其次，陪伴是最长情的告白。

好多家长对于孩子手机不离手，就是不爱读书，毫无办法，可是，这位家长，您有没有反思过，在您安排孩子读书的时候，您又在干什么呢？是否也在伏案读书呢？如果您是在刷朋友圈，刷抖音，那您有没有考虑过孩子的感受呢？孩子会不会产生逆反，会不会觉得大家都在玩，而只有他一个人在读书呢？再假想，晚饭后，几案旁，一本书，您和孩子，分角色，分段落朗读……那又会是怎样一番景象呢？……

再次，坚信"玩物并不丧志"。

读书与玩，并不是两个绝对的对立面，爱玩是孩子的天性，不磨灭孩子的天性，让孩子从玩乐中挖掘潜力，汲取知识。我家祺祺酷爱军事武器，说起舰队、导弹、核潜艇，永远是一副滔滔不绝的样子，我也愿意倾听，每当听祺祺讲起军事武器，都觉得特别佩服他，给他竖大拇哥，夸他是个特别渊博的孩子。而且，他喜欢军事武器的乐高拼装模型，我买来跟他一起玩，有时候一个大大的海洋舰艇，他能研究好几天，甚至十几天，我们俩一起读拼装教程，一起查阅资料，玩的同时，不仅锻炼了他的专注力，还锻炼了他的动手能力，一举几得的好事，何乐而不为呢？

最后，是我一直在努力做的，也是最希望与大家共勉的，就是跟孩子做朋友，让孩子感觉到你需要他！不要总把他当成一个孩子，要把他当成一个可以帮助你，可以跟你分享快乐、分担忧愁的男子汉，遇到困惑，找他帮忙："儿子，我读书少，别人问我杜甫是谁，我都不知道呢。""儿子，秋天到了，叶子怎么就都落下来了呢？"跟着孩子一起查书籍、找资料的感觉，你试过吗？会有出乎意料的效果呢。偶尔，心血来潮，给孩子写封信，告诉他你在期待他的回信，收到他的信，你会很开心、很幸福。读与写之间，孩子与书自然而然结缘了，不是吗？

读书是一件极其美妙的事情，放低您的期许，放慢您的脚步，与孩子一起共沐书的海洋，一起体味最珍贵的时光吧！

〔三年级（3）班　段忠祺妈妈〕

二、全读写·读书节系列：赋予孩子读写的力量·教师篇

第一期　你会读绘本吗

又是人间四月天，草长莺飞，花香袭人，第二实验小学第七届校园读书节活动持续进行中，邀您相聚"云端之约"。

每一位老师都是潜在的名师力量，每一场讲座都是一扇窗，推开它，就会看到更加多彩的文字世界！学校教师团队为孩子们推开读写之窗，赋予他们读写的力量。

你会读绘本吗

亲爱的大朋友、小朋友们，大家好！我是李老师，今天我分享的是全读写——赋予孩子读写的力量第一期《你会读绘本吗？》

看到题目，小朋友肯定说，读绘本？那还不简单，字少图多，太容易读了！真的是这样吗？

绘本？绘？本？一看名字就知道，这种书和平常的书不一样。绘，绘画。也就是大家说的有字有图的书，而且图比较大、比较多。所以读绘本，不仅要

读字，还要读图。怎么读呢？李老师开讲喽，认真听。首先我们先认识一下绘本：一本正版精装绘本包括护封（包在封面外面的一层）、前勒口、封面、前环衬、扉页、正文、后环衬、封底、后勒口。这些内容都可以读，今天我们重点分享读封面、读环衬、读扉页、读正文、读封底（见图2-3-1）。

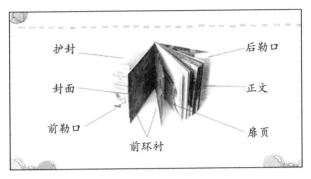

图2-3-1

一、读封面

绘本从封面开始就传递了很多信息（见图2-3-2）。怎么知道这些信息呢？看图，多问自己几个问题。这是绘本《青蛙弗洛格》。哇哦，这只青蛙是谁？它在哪里？发生了什么？像这样读，多有趣啊！还可以从题目入手，比如《活了一百万次的猫》，这只猫竟然活了一百万次，它有什么特异功能？它是否会一直活着？

图2-3-2

二、读环衬

环衬是封面与书芯之间的一张衬纸，很多绘本的环衬上也画有图画，千万不要以为它们仅仅是起装饰作用的图案而一翻而过。例如《迟到大王》这本书，创作者把因为迟到，孩子被家长罚写的文字设计成了前后环衬。如果你足够细心的话，会发现，从第九遍起，"把手套弄丢"就变成了"把手套弄去"，后环衬的错误更多。再者，整个页面，有东一团西一团的墨迹，显然是孩子在写的时候边写边玩造成的。仔细看完全书后，你会发现，环衬在配合着本书的内容，对大人不恰当的教育方式进行批评。有的环衬能引起想象，有的会考考你的眼力，有的还会使故事更加完整。

三、读扉页

扉页是通向正文故事的一扇门，不仅告诉你谁是故事的主人公，它有时还会讲故事。看，这就是绘本《我爸爸》的扉页，已经开始讲故事了。你读懂了吗？

四、读正文

接下来就到阅读故事的正文了，李老师教你六个小妙招。

第一个妙招：观察

绘本故事，文字往往很精练，有的信息蕴藏在图画里，所以每一次，读完文字不要急着翻页，要用心去看看图，会有不一样的发现。比如：①可以在画面上发现你有兴趣的人物、动物或植物。②发现人物微妙的表情与动作，以及与故事情节相对应的形象等。绘本《14只老鼠吃早餐》是14只老鼠系列之一，在读这个绘本时，首先要观察这个老鼠大家庭的14个成员，它们的服装、个性等都在图画中有所体现。如果忽略人物只是读故事，趣味性就少了一大半。

绘本画家按着故事的展开创造了一个个连续关联的画面，因此绘本的前后画面之间有充分的连续性，但是又有不同，你可以在连续的画面中去发现不同，从而学会依靠观察画面去理解绘本画家想要表达的故事。

著名绘本画家安东尼·布朗的绘本《小凯的家不一样了》就特别具有典型性。小凯的爸爸要去医院接小凯妈妈和刚刚出生的小妹妹，走之前对小凯说，他们家即将不一样了。小凯独自待在家里，百思不得其解，家里到底哪儿不一样了呢？在安东尼·布朗的笔下，小凯的家发生了一系列变化，这些变化又在哪儿呢？画家把这些变化都隐藏在画面中，等待你去发现。你发现了吗？其实在读所有的绘本时，我们都要用心观察小细节，发现小秘密，这样才会有大发现、大收获！

很多绘本在讲述故事的同时，还隐藏着许多有趣的知识。绘本《彩虹色的花》，讲述了一个冬去春来生命轮回的故事。事实上在画面中还有一个轮回，那就是彩虹色的花的六个花瓣是一个完整的色环，是色彩的轮回。

第二个妙招：表演

书中的主人公其实就是你们自己。在读一些角色突出的故事时，采用"角色扮演"的方法，变成书中的角色。比如《猜猜我有多爱你》就可以当小兔子来演一演。

第三个妙招：推理

很多时候，我们会把预测和推理混淆。推理往往是在读了一部分内容之后，有依据地进行预测，在《要是你给老鼠吃饼干》这本绘本中，就可以使用推理，小老鼠不断提出新的要求，你能不能根据图片推理一下，它接下来想要做什么呢？

上面是关于故事情节的推理，还有一些绘本中的细节，文字中并没有给出解释，可以根据观察然后推理出原因。比如我们熟悉的《大卫，不可以》中，大卫光着屁股跑出来了，请你根据绘本中的内容进行推理，这是怎么回事呢？

第四个妙招：复述

根据图片、文字和自己的观察"讲故事"，这就是"复述"。最好是找一位听众，你讲给我，我讲给你，一个相同的故事便有了两个不同表达的版本，这样的表达交流才是复述的意义。

有些绘本使用重叠句，比如《拔萝卜》，每增加一个人物角色的时候，都对前面的句子进行重复：小花猫拉着小花狗，小花狗拉着小姑娘，小姑娘拉着老奶奶，老奶奶拉着老爷爷，老爷爷拉着萝卜叶子……这样的句子你必须要准确说出来呀！

第五个妙招：联系

在读绘本的时候想一想，实际生活中有绘本中的事情吗？这样读书变得更有趣！《花格子大象》是一个寻求他人认可的故事，独一无二的花格子大象为了迎合大家把自己变成灰色，这样的事情你是不是也经常做呢？分享一下自己的"灰色故事"吧！与《花格子大象》相反的是《不一样的小豆豆》，一颗普普通通的小豆豆，想要变得与众不同，于是开始了自己的个性之旅，并最终长出无数不一样的小豆豆。那么，生活中你又是一个怎样与众不同的小豆豆呢？

第六个妙招：使用

你所有的问题都可以在绘本中找到答案。比如，生气了不会处理可以看看《生气汤》，害怕上学可以看看《魔法亲亲》，不知道怎么交朋友可以看看《威利和朋友》，害怕打针可以看看《鳄鱼怕怕　牙医怕怕》……

五、读封底

正文读完之后，我们还可以一起看一看封底。有的绘本会把故事延续到封底上。比如绘本《第一次上街买东西》，封底就没有重复书里的故事，这本书讲的是小女孩美依第一次上街去买牛奶的经历：躲闪自行车、摔破了膝盖……故事的结尾是她的妈妈等在巷子口，和她一起朝家里走去。封底的美依和妹妹一起喝着牛奶，美依的膝盖上多了两块创可贴，身旁有消毒水、镊子，美依的腿刚刚一定经过了妈妈的贴心护理吧！妹妹喝着牛奶，要睡着了，妈妈一手帮妹妹扶着奶瓶，眼睛关切地看着美依，美依的一只小脚搭在妈妈的腿上，好温馨的亲子时光。

怎么样？读绘本并不是你想的那样只是读一读文字吧？这样读书是不是更有趣啊？快点找到你喜欢的绘本读起来吧！今天就分享到这里，再见。

我们通过开展丰富多彩的阅读活动，激发了学生的阅读潜能，帮助学生实现成长，帮助学生发现了自己的特长，让学生体验到了阅读的成就感。通过一系列的活动，激发了学生的阅读兴趣，让每个学生都能找到感兴趣的课外阅读方式，从而提高了学生的阅读能力，也大大地提升了学生的语文综合素养，起到了为学生精神打底、为学生一生发展奠基的重要作用。

从阅读层次来讲，我们需要经历学会阅读、爱上阅读、深度阅读三个层次，一个比一个层次高。我们图书馆课程的实施不仅营造了书目推荐、阅读教学指导、阅读环境三位一体的阅读体系，还构建起了一个满足孩子个性化、多层次需求的阅读方案，如此，我们更能依托各种平台，让学生进入阅读的最高境界。我们引导学生自由阅读，自由发表观点，自由交流；学生的阅读素养就在图书馆的场域下、磁性下一点一点地汇集提升。

（教师　李心灵）

第三章

图书馆视域下的
信息素养提升

文字被创造以后，阅读成了人类的学习方式，这种学习方式延续至今。阅读这种素养也成为一个人必备的优秀品质之一。2000年时PISA（国际学生评估项目）第一次对阅读素养进行测试，它把阅读素养定义为，为了实现个人发展目标、增进知识、发掘潜能并有效地参与社会生活，而理解、运用和反思书面文本的能力。在PISA2018中，阅读素养的定义发生了改变：为了实现个人目标、增进知识、发掘潜能与有效参与社会生活，而对文本进行理解、运用、评估、反思的能力以及对阅读活动的参与。从两次定义的比较中，不难发现时代的发展对学生阅读素养提出了新要求。从PISA2018去掉了"书面"二字可以看出，进入信息时代，人类阅读方式多样化，数字化文本甚至成为快节奏中的主流阅读文本。新时代阅读素养的培养催生着信息素养的提升。其实，信息素养与其他素养并不矛盾，而是相辅相成的。阅读力的增强会促使自身信息素养得到提升，信息素养的提升也会促进阅读力的增强。

信息素养这个概念最早是由信息产业协会主席保罗·泽考斯基于1974年在美国提出来的，他认为："信息素养是利用大量的信息工具及主要信息资源使问题得到解答的技能。"随着人们对信息素养的认识加深，信息素养的内涵也在不断得到丰实，即有能力从各种不同信息源获取、评估和使用信息，主要包括信息意识、信息能力、信息道德、信息观念、信息心理等方面。它是人的整体素质的一部分，是未来信息社会生活必备的基本能力之一。

随着时代的不断发展，学校图书馆这个巨大的信息源的使命不应仅仅停留在借阅书籍、提供信息上，它在育人方面的功能应更加突出。面对美好的未来，学习方式极大的多样化，学习可以在任何场所发生。所以，作为一名教育者不仅要在课堂上教会学生各科文化知识，还应该让学生了解并学习通过其他方式可以找到自己需要的知识及信息。

参考文献

［1］朱晓东，丁婷. 2017—2020年浙江高考英语阅读理解试题评析——基于PISA2018阅读素养测评框架［J］.教育测量与评价，2020（12）：14-23.

［2］付丽萍.西北地区中学生的信息素养及其培养研究［D］.西安：陕西师范大学，2007.

第一节　占好课堂阵地，提升学生的信息素养

现代社会信息化进程迅速，学校信息技术课程成为学生适应信息化社会，让自己的学习、生活等各个方面与社会接轨的重要途径。在信息化社会中，一个人的信息素养成为与传统阅读、写作、算数、实验等同等重要的生存能力，甚至还会促进学生其他能力的提升，这样说来，一个人缺乏信息素养就相当于信息化社会中的新"文盲"。从课程标准中我们可以看出信息素养的重要性。

信息意识是提升信息素养的首要要素，是核心素养发展的基础和前提，是学生适应信息社会终身学习的基础能力品质，是个体对信息的敏感度和对信息价值的判断力。信息素养的培养不仅是信息技术课的任务，各科教学都应该承担起对学生信息素养的培养，只不过侧重点有所不同。

一、信息技术课是主阵地

《中小学信息技术课程指导纲要（试行）》明确指出，中小学信息技术课程的主要任务是：培养学生对信息技术的兴趣和意识，让学生了解和掌握信息技术基本知识与技能，了解信息技术的发展及应用对人类日常生活和科学技术的深刻影响；通过信息技术课程使学生具有获取信息、传输信息、处理信息和应用信息的能力，教育学生正确认识和理解与信息技术相关的文化、伦理和社会等问题，负责任地使用信息技术；培养学生良好的信息素养，把信息技术作为支持终身学习和合作学习的手段，为适应信息社会的学习、工作和生活打下必要的基础。

这样看来，信息技术课是提升学生信息技能的主阵地。小学阶段主要培养学生对信息技术的兴趣，教师在讲解计算机的基本常识，简单的网络应用，用

浏览器收集材料、汉字输入等这些内容时，要尽量生动有趣地直观演示，把抽象的概念形象化。无论哪个学段的学生，都应该学会选择适合的检索工具或者途径去获取不同类型的信息资源。除了学生经常使用的工具书外，运用网络获取信息也是解决生活中的问题的一条重要途径。在信息技术课上，教师会根据不同的年级教授不同的内容。三年级的学生平时就喜欢在纸上随心地画画，为了加强对鼠标的熟练操作，教师在微机室教学生在电脑上画图，让学生知道鼠标可以用来干什么，怎么用。在实际操作中，这种全新的体验大大提高了学生的兴趣，对于不明白的、不会用的，他们都能大胆和老师交流。可想而知，学生在不知不觉中就掌握了鼠标的运用。

再如，我们学校图书馆成立了图书馆自主管理项目组，负责师生日常的借阅、各班必读书目的漂流。项目组成员都会额外上几堂计算机课，就是为了让他们熟练使用电子凯瑞阅读系统和Office进行基本的操作，掌握借还书的完整流程，规范操作，严格遵守图书馆制度。

二、各学科百花齐放

学校各学科都要广泛运用信息技术，把培养学生获取、分析、应用信息的能力作为教学目标之一。课堂教学中要加强对数字化阅读的渗透，让信息化走进各学科课堂。信息技术进入课堂，创新了授课模式，信息的大量引入拓展了学生的知识面，各学科教师能够利用电脑、电子白板、Pad智慧课堂等先进的信息技术手段进行课堂教学，也让学生感受到信息化的便捷，激发他们利用网上丰富的资源进行知识拓展，不但提高了学生的学习效率，拓宽了学生的知识面，更是提升了学生的信息能力。如在讲授三年级上册《那一定会很好》一课时，教师就把信息技术引入课堂，让孩子们把故事内容演绎出来，提升学生阅读能力。这个故事的主要情节就是从一粒种子到阳台上的木地板的历程。在学完课文后，老师让班内的组织委员邓安辰做导演，负责分配角色，做好角色表演的动作和表情的指导；班长带领擅长画画的同学做头饰和道具；学生要想把角色演好，就得反复读课文，把握人物心理，而且在表演过程中，老师鼓励学生基于课文内容加上自己的理解，进行创造性发挥。然后通过信息技术为每个场景配乐，树叶的哗哗声、手推车吱吱嘎嘎的响声，都一一用音效表现出来。

学生演得绘声绘色，从一粒种子到阳台上的木地板，学生演绎出它们的内心。这也是学生从基础能力到高阶能力的发展吧！

　　二年级晨诵课上，背《早春呈水部张十八员外》时，老师告诉学生，作者韩愈是唐宋八大家之一，接着就有学生问"唐宋八大家"是什么，"唐宋八大家"除了韩愈还有谁。老师让学生想一想，除了老师告诉你答案，你还可以怎么得出答案。当堂就有一名爱好读书的学生回答，他在《小学生必背古诗词75首》这本书的注释里见过，但记不清答案了，可以去书里找找答案；有的学生说回家去网上搜；还有的学生说回家问父母。当时老师就让孩子课下自己弄清楚"唐宋八大家"都有谁。对于二年级的学生来说，去展开一次探究活动稍显困难，不过出人意料的是，有一名同学在父母的陪伴下竟然把八位文学家的生平（学生写得比较简单）、代表作品都收集打印出来了，把三苏的关系也弄明白了。他在这个收集、获取信息的过程中，主要依靠百度搜索文字答案，但是二年级的孩子对动画类这种视觉媒介更感兴趣，所以对于苏轼的有关故事的了解，更多地来自动画节目。这位学生在把问题弄明白的过程中，有主动获取信息的意识，也尝试通过不同的渠道去解决问题。

参考文献

［1］中华人民共和国教育部.普通高中信息技术课程标准（2017年版）［S］.北京：人民教育出版社，2017.

［2］中华人民共和国教育部.中小学信息技术课程指导纲要（试行）［Z］.教基〔2000〕35号，2000.

第二节　以图书馆为载体，依托活动培养学生的信息能力

一、激发兴趣，建立信息意识

教育现代化的标志之一就是信息化，这意味着学校教育要随着时代的发展而变化，社会教育和家庭教育也不能用传统的教育模式。因为信息化给学生带来无限的空间。在这个学习型社会中，学会学习是教育教学的主要目标之一，信息意识是学会学习这个核心素养的重要组成部分，它是乐学善思的延伸和实践。不同于传统课堂的自由、开放、灵活的信息素养教育空间更能激发学生的学习热情，调动学生的内生动力，有效地培养学生的主观能动性。

对开放性图书馆，了解图书馆里图书的分类、图书摆放规则等方面的知识，对找到需要的图书，发现更多未知领域，会有意外的收获。因此，在每年一年级入学一周后，我们都会为孩子带来一节认识图书馆的活动课。除了讲授图书馆礼仪、图书借阅等认识图书馆的常识外，我们主要依托"我要找到它"的活动为孩子们带来全新的体验。这个活动的主要流程是：在图书馆讲绘本故事《小阿力的大学校》——了解学校组成部分之一的图书馆——根据信息提示找绘本书籍——带绘本回家亲子读故事。

第一步，在这个活动中把课堂搬到图书馆，空间转换会引起学生的兴趣，吸引他们的注意力。讲述的绘本内容恰恰是刚入学的孩子所应该了解学校的内容：上课教室、微机室、音乐教室、图书馆、食堂……每个部分学生都会有一种代入感，对新鲜的事物有一种期待感。

第二步，了解我们自己学校的图书馆，图书馆区域的划分、图书馆的自主

管理小组、图书馆中图书的借阅……从老师和图书馆小管理员的讲解中，学生可以获得很多关于图书馆的信息，而在全新环境中获得的这些新鲜信息对他们来说印象深刻。

第三步，老师出示《小阿力的大学校》《小魔怪要上学》《图书馆狮子》《大卫上学去》《艾米莉上学记》五本绘本封面，让学生简单知道这几本书，然后把绘本封面图片分给每一小组的同学，根据封面获得的信息去图书馆找书。由于学生所处的年龄段较低，图书馆自主管理小组的同学会在图书馆等待这些小不点，根据他们描述的信息提供线索，帮助孩子们找到相应的绘本。最后，找到绘本可以带回家和爸爸妈妈一起读。

在了解图书馆时，学生所获得的信息是教师和图书管理员讲授的，是被动接收的。而在寻找绘本的过程中，根据封面获得信息就是学生的一种主动的行为，在这里对学生信息意识的培养不是刻意的，而是自然地发生的。很明显，在这个活动中当学生寻找时，小组每个成员都仔细观察图片，献计献策，在与图书馆小管理员交流时，他们能迅速把获取的信息表达出来。在活动后更让人想不到的是一股读绘本热潮随之而来，孩子兴趣盎然，家长也全力支持，老师更是暗暗为他们高兴。

当阅读的环境不拘泥于教室，教师的角色不再是课堂上严肃的那个人，学生的思维就会被打开，脑洞就会大开。各种奇思妙想、疑难问题都会从这些小脑袋瓜里迸发出来。作为一名教育者，要真诚地对待这些孩子的纯真和美好，让他们有一颗初心，并存有求知欲。一个人有求知的欲望，才会生发出主动探索的念头。

二、探究活动，提升信息能力

信息技术注重动手实践，一味单纯地教授学生信息知识，未免刻板，学生不感兴趣，最后结果只能停留在纸上谈兵。教育教学改革中，学生才是学习的主体，应该让学生站在课堂的中心，教师作为学习活动的引导者，要努力培养学生主动学习、合作探究的能力。我们当下所提倡的学习方式与建构主义理论下的任务驱动法不谋而合。建构主义教学活动中强调学生的学习要与任务或问题相结合，以任务驱动学习者的兴趣，使学习者保持学习动机。

因此，在图书馆这个大的视域下，各科教师积极挖掘有吸引力的小专题研究，指导学生开展实践性探究活动，在实践中渗透应用意识，就解决了把知识转化为运用能力的问题。

不同年级的孩子在阅读和学习过程中都离不开教师的引导。比如，孩子们在图书馆可以借阅自己喜欢的图书，也会固定地同读一本漂流书，教师指导学生读书，从书中获取主要信息，根据不同年级推荐书目，对部分整本书进行分析，列出问题清单。学生带着问题去读书，会有意识地去思考这些问题，寻找答案。

小学语文课程标准在第二学段（三至四年级）就要求："能提出学习和生活中的问题，有目地搜集资料，共同讨论。"在第三学段（五至六年级）的综合性学习中提出这样的要求："为解决与学习和生活相关的问题，利用图书馆、网络等信息渠道获取资料，尝试写简单的研究报告。""初步了解查找资料、运用资料的基本方法。"2020年上半年可以说是学生接触电脑和网络最多的时候，时时关注疫情的变化，按时在空中课堂学习。学生的学习方式发生了巨大变化，交作业、反馈方式也发生了很大变化。信息技术的发展给学生带来了多样化的学习方式。在2020年第25个世界读书日来临之际，借助云端，我们开展了线上读书节活动。这次活动，学生借助网络大显身手，下面来看看五年级的读书嘉年华活动。

"可听、可看、可玩的四大名著"项目计划书

一、项目概述

1. 项目目标

（1）知识目标：通过项目学习选择一个感兴趣的话题展开研究，对名著的主要故事情节和人物性格有一个深入的了解。

（2）技能目标：让学生养成自主学习的良好习惯。

（3）情感目标：能在观点阐述中融入自己的见解和思考，初步具有理性思辨能力，体现正确的人生观、价值观。

（4）信息素养目标：利用各种工具书及网络收集、筛选相关资料，完善自己的观点；通过网络交流平台，分享探究成果。

2. 项目概要

五年级语文课本中有经典名著单元，中国四大名著家喻户晓，在文学史上占有重要地位。四大名著的故事内容和众多人物深深吸引着读者。你对中国四大名著深入探索过吗？本次读书嘉年华活动就围绕四大名著展开。

在本次活动中有"自选模块"和"竞选模块"两部分，你可以选择自己感兴趣的项目，阅读名著，收集整理资料，亮出自己的观点。

3. 项目流程

项目流程如图3-2-1所示。

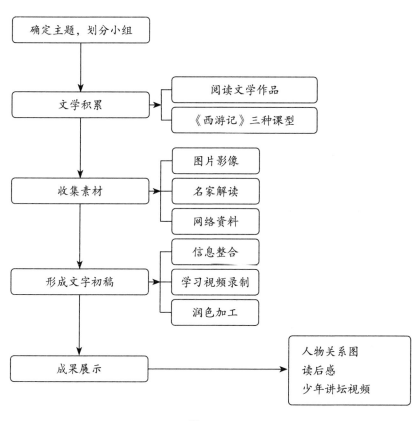

图3-2-1

二、项目规划

（一）整本书阅读

1. 整本书阅读课（每周三大阅读时间）

（1）《西游记》读前推荐课。

（2）《西游记》读中推进课。

（3）《西游记》读后启智课。

2.四大名著问题清单（略）

（二）资料收集

（1）观看四大名著影视作品。

（2）《百家讲坛》。

（3）《西游记》名家解读课。

（4）连环画名家名作。

（三）成果展示

参考提示：

1.少年讲坛

（1）我看诸葛亮。

（2）为什么有九九八十一难。

（3）《红楼梦》中的古诗词之我见。

2.经典故事场面

（1）悟空三打白骨精。

（2）草船借箭。

（3）黛玉葬花。

3.《西游记》取经路线图（略）

4.《三国演义》大事年表（略）

三、项目实施

（一）阅读课

整本书阅读指导备课（见表3-2-1至表3-2-3）。

表3-2-1　读前推荐课

阅读内容：《西游记》读前推荐课
阅读目标： 1.激发学生自主阅读《西游记》的兴趣。 2.指导阅读整本书的方法。 3.初步感受《西游记》中性格鲜明的人物形象，关注旁批，学习做批注

阅读指导过程：教师活动	学生活动
一、视频片段导入 （一）欣赏《西游记》视频片段 师：视频片段中的主人公是谁？这是哪部电视剧？ 师：这节课就让我们走进名著，走进《西游记》。这本书被拍成电影、电视剧，被制成卡通动画，被绘成连环画，可以说是妇孺皆知。 （出示书籍、电视剧、电影图片） （二）出示名人对《西游记》的评价 师：不少名人、书籍也对《西游记》做出了非常高的评价。我们一起来看看。 课件出示： 《西游记》全书故事的描写充满幽默和风趣，给读者以浓厚的兴味。——《法国大百科全书》 《西游记》其想象新奇，上天下地，出神入化，可说达到了登峰造极的地步。——北大教授白化文 神魔皆有人情，精魅亦通世故。——鲁迅 师：这些名人、书籍为什么会对《西游记》有如此高的评价呢？还是让我们一起走进本书，去亲近主要人物，了解故事情节吧！ 二、介绍读新书方法，了解故事梗概 （一）读封面 师：当我们要读一本新书时，你会先看这本书的哪些部分呢？ 1.出示封面，你从这本书的封面上读出了哪些信息？你还想知道哪些内容？ 板书：人物　故事 2.教师读作品导读。翻开封面，想较快了解这本书讲了什么，就可以读一读作品导读。 出示作品导读。 （二）看目录 通过看目录，我们可以把书读薄了。 1.课件出示目录：这本书有几章？二十章。原著有一百回，为什么这本书的章回和原著不一样呢？ 师：我们今天推荐的这个版本的《西游记》精选了原著中的经典故事，而且这种白话文版本的书对我们来说通俗易懂。 2.请同学们快速浏览一遍目录，了解这本书有哪些故事。 3.这本书每一章节的目录都告诉了我们故事的内容，类似我们平时概括段落时所用的小标题。这让我们在第一时间就了解本书的主要章节，便于我们有选择地阅读。	预设： 生：孙悟空。 生：唐僧、孙悟空 生：《西游记》。 …… 学生读读这三句话，品味其中内涵，体会对《西游记》的高度评价。 预设：封面、作品导读和目录。 学生交流。 学生读作品导读，简单了解作者和作品内容。 预设： 生：这本书精选了一些经典故事。 …… 学生浏览二十章的题目。

97

阅读指导过程：教师活动	学生活动
4.记忆再现。 师：既然大家对《西游记》都非常熟悉了，现在我要来个小测验！ （1）出示三个小问题。 （2）展示书中的几幅插图，猜猜是哪个故事。 师：看来同学们把主要情节掌握得很好。名著不厌百回读，常读常新。 三、了解情节，关注旁批 师：《西游记》塑造了哪些主要人物呢？你能说说他们的故事吗？ 师：通过同学们的发言，我发现你们说得最多的就是孙悟空的故事。让我们一起走近孙悟空。 出示片段：《三借芭蕉扇》 师：你从哪儿得到这样的体会呢？ 师：打开第92页，看看这本与平时我们所读的书有什么不同呢？我们推荐这本书还有一个很重要的原因。 向学生介绍每一部分，指导学生在读书过程中关注旁批，并学习书中的旁批，学会自己做批注。 四、授人以渔，指导读法 1.故事有趣，同学们说得更精彩。可是看书不像是看电视剧或动画片那么轻松。同学们有什么好的读整本书的方法推荐给大家吗？同学们可以回忆一下，刚才老师是如何引领大家读《西游记》这本书的？ 2.同学们不仅会思考，还总结出了读整本书的方法。老师真为你们感到骄傲。老师把你们的发言总结了一下，请同学们自由读一下。 （1）观看前言、后记，了解写作背景、故事梗概、主要人物。 （2）观看目录，了解故事情节。 （3）精彩的地方要仔细品读，学会做批注。遇到不懂的地方打个问号，以便去请教别人。 五、总结 学会了读整本书的方法还不行，关键是要读起来。请同学们课后制订读书计划，尽量做到每天都读，根据自身的情况制定一个时间表，按时完成。老师给大家准备了一个《阅读时长记录卡》，辅助同学们阅读。 出示阅读表格	学生看问题，说答案。 学生交流几个自己熟悉的故事。 读读这段文字，说说体会。 预设： 生：铁扇公主的芭蕉扇很厉害。 …… 学生自己读读，观察。 交流：这本书章回题目下面有名师导读、旁批。 预设：看封面、了解作者和作品导读、看目录、了解主要人物和故事情节

表3-2-2　读中推进课

阅读内容：《西游记》读中推进课	
阅读目标： 1.提高泛读的速度，学习精读的方法，领悟深读的道理。 2.品味《三打白骨精》故事精彩片段，体会一咏三叹的写法。 3.分析故事人物形象。 4.通过构建思维导图，了解故事的来龙去脉	
阅读指导过程：教师活动	学生活动
一、导入新课 同学们这本书读到哪儿了？生众说（针对不同的情况进行评价）。 有同学说，即便不读，闭着眼睛都知道《西游记》讲了一个怎样的故事，这话我是相信的。 通过课件出示动画片、86版经典《西游记》《大话西游》《女儿国》等题材的影视作品。这些都是由《西游记》改编而来的，所以说我们真是看着《西游记》长大的。 二、走进文本，整体感知 同学们，当你拿起手中的《西游记》这本书再去读时，定会有不一样的发现。 1.再次介绍作者和这本书。 2.学习《三打白骨精》，请翻到第56页。 3.回顾课文内容，回忆一下提高阅读速度的方法。 （1）集中精力不回读。 （2）带着问题去读。 （3）一边读一边想，圈画关键词句，捕捉有用的信息。 4.带着问题去读，你会梳理哪些问题呢？（预设） （1）几次棒打白骨精？ （2）白骨精分别变成了什么？ （3）故事中人物有什么样的性格，文中是通过什么描写人物性格的？ 5.问询泛读大约用了多长时间？及时总结板书：泛读有速度。 6.下面我们一起来交流一下。 过渡：变了三次，悟空便打了三次，所以人们常说"三打白骨精"。老师有一个疑问，为何是三打，而不是两打、五打呢？	谈论前期读书情况。 学生交流：为了吃唐僧肉，白骨精是如何变化的？ 变村姑；变老妇人；变老头。 小组讨论交流：为何是三打白骨精，而不是两打、五打呢？

99

续 表

阅读指导过程：教师活动	学生活动
总结：很多小说都会这样写，如《水浒传》中《鲁提辖三拳打死镇关西》和《三国演义》中《诸葛亮三气周瑜》也是一波三折。"三"这个词在古代很多时候表示多，唯有三打三气，才能使故事情节更加起伏跌宕，引人入胜，看来这是故事的需要，打一次太简单，显得太不经打，两次不过瘾，三次就心满意足，所以我们写作时可以用这种一咏三叹的写法。其实《三借芭蕉扇》《狮驼岭战三魔》《三进无底洞》都是运用了这种方法。 三、品读课文，分析人物形象 过渡：刚才了解了《三打白骨精》的内容，下面我们走近人物，了解他们的性格形象。 （完成右边表格） 1.我们先看师父唐僧是怎样表现的？ 2.你能从文中找来读一读吗？ 总结：是啊，我们正是从神态、语言的描写看出了这样的迂腐。 3.再来看猪八戒，大家一起来分析一下。 总结：作者正是通过语言、神态、动作等方面的描写把人物形象呈现在我们眼前，让我们能看到一个立体、丰满的人物形象。大家有没有看到，刚才我们分析的这些正是批注，所以读书时要注意看导读、批注、提示，这样才会收获更多，同时要学会这样的导读方法，边读边思考边批注，这样才能真正精读书籍。 四、深读领悟，提炼主题 同学们，今天我们读了《三打白骨精》，你对谁窝火啊？好，唐僧。为什么三个徒弟还要死心塌地地跟着他，换个角度想，为什么西天取经的人是他呢？因为他有强烈的信念，正是因为他有强烈的信念，才获得三个徒弟以及如来、观音的帮助，九九八十一难每一难都是对他进行考验，一次又一次的考验，一次又一次的阻挠，其实都在叩问他的内心，你真的要去西天吗？你确定吗？你不后悔吗？本书中每一章节、每个故事都在告诉我们这一点，希望你能细细品读。 五、思维构建，导图设计 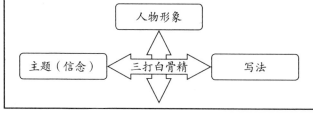	 |	人物形象	描写方法
---	---	---
唐僧		
孙悟空		
猪八戒		
沙僧		
白骨精			 全班交流。 全班交流，根据本课的内容完成思维导图的设计，并梳理回顾本章的内容

表3-2-3 读后启智课

阅读内容：《西游记》读后启智课	
阅读目标： 1.拓展学生的阅读范围，激发学生深入阅读的兴趣。 2.引导学生深入思考，感受独立思考、逻辑推理的乐趣。 3.培养学生有理有据，条理清晰地表达自己观点的能力	
阅读指导过程：教师活动	学生活动
一、擂台赛 第一关：小说知识我知道 （一）出示小组擂台赛规则 四人为一组，本关共有14个题目，以小组序号为顺序，小组内推选一人先选择自己喜欢的题号，再答题。答对1题加10分，答错，小组内其他同学可以继续答题，如果小组内四人都答错或者不知道答案，其他小组可以答题。 （二）第一关题目 1.《西游记》是长篇_____小说，是_____中成就最高、最受人喜爱的小说。 2.《西游记》的作者是_____，字_____，号_____，_____代人。 3.古典文学名著《西游记》中，孙悟空最具有反抗精神的故事情节是_____。 4.《西游记》的作者运用浪漫主义手法描绘了一个奇妙的神话世界，花果山水帘洞洞口的对联是"_____，_____。" 5.《西游记》中有许多脍炙人口的故事，如三打_____、大闹_____、真假_____、三借_____。 6.在护送唐僧去西天取经途中，机智灵活、疾恶如仇的是_____，憨态可掬、好耍小聪明的是_____，忠诚老实、勤勤恳恳的是_____。 7.唐僧是宋朝的和尚。（ ） 8.玉皇大帝识破了真假美猴王。（ ） 9.孙悟空共借了五次芭蕉扇。（ ） 10.红孩儿是孙悟空的弟弟。（ ） 11.唐僧在流沙河收沙僧为徒。（ ） 12.孙悟空的金箍棒来自龙宫。（ ） 13.猪八戒是唐僧的二徒弟。（ ） 14.孙悟空被压在泰山下五百年。（ ） 答案： 1.章回体神魔，神怪小说；2.吴承恩，汝忠，射阳山人，明；3.大闹天宫； 4.花果山福地，水帘洞洞天；5.白骨精，天宫，美猴王，芭蕉扇；6.孙悟空，猪八戒，沙和尚 7.× 8.× 9.× 10.× 11.√ 12.√ 13.√ 14.×	了解小组擂台赛规则，闯第一关。

101

阅读指导过程：教师活动	学生活动
第二关：人物形象我来评 （一）出示小组擂台赛规则 1.课前以小组为单位选择小说中自己喜欢、感受较深的一个或者多个人物，每个人写下自己对这个人物的评价。要求：观点明确，并能结合小说中的情节说明自己的理由。 2.课上小组内交流自己写的人物评价，并推选一位同学代表小组发言。选出代表后，对发言的内容进行讨论补充。 3.第一个小组发言后，其他小组如果也选择了和第一个小组一样的人物，可以举手挑战。第一个小组加10分，第二个小组发言后，全班投票，如果票数超过第一组，就代表挑战成功，加20分；如果挑战没有成功，第一组再加10分，第二组只加10分。以此类推，直到不再有挑战的小组为止。 （二）挑战赛开始 教师随机点评。	闯第二关。
第三关：故事情节有深意 （一）出示小组擂台赛规则 1.课前针对老师提出的问题"到西天有十万八千里，孙悟空一个跟头也是十万八千里，为什么不让孙悟空一个跟头取回真经，而要历经九九八十一难，费尽周折去取真经呢"，发表自己的观点，并写下来。要求：观点鲜明，条理清晰，阐述有理有据。 2.课上小组内交流自己的观点，并推选一名同学代表小组发言。其他同学对发言的内容进行讨论补充。 3.第一个小组发言后，其他小组可以举手挑战。第一个小组加10分，第二个小组发言后，全班投票，如果票数超过第一组，就代表挑战成功，加20分；如果挑战没有成功，第一组再加10分，第二组只加10分。以此类推，直到不再有挑战的小组为止。 （二）挑战赛开始 教师随机总结点评。 （三）加分规则同上 学生提出自己准备好的问题，每个小组讨论发表自己的观点。	闯第三关。
二、拓展阅读 （一）出示原著中的片段和本书进行对比，让学生说一说自己的发现 1.那座山正当顶上，有一块仙石。其石有三丈六尺五寸高，有二丈四尺围圆。三丈六尺五寸高，按周天三百六十五度。二丈四尺围圆，按政历二十四气。上有九窍八孔，按九宫八卦。四面更无树木遮阴，左右倒有芝兰相衬。盖自开辟以来，每受天真地秀，日精月华，感之既久，遂有灵通之意。 花果山上有块仙石，三丈多高，二丈多方圆。长久以来，由于这块仙石吸取了天地日月精华，渐渐有了灵气。	对比原著和优选本的区别，说一说自己的发现。 请读过原著的同学说一说区别。

续 表

阅读指导过程：教师活动	学生活动
总结：故事内容更丰富，描写更细致生动。 2.出示原著目录，介绍原著中还有哪些故事。 （二）神话故事知多少 1.播放《哪吒魔童降世》的片段，请学生注意里面的人物：哪吒、李靖、太乙真人，请学生说一说自己对这些人物的了解，又是从什么途径知道的？还知道哪些神话故事中的人物？全班聊一聊自己知道的关于神仙的故事。 2.出示上古神话故事关系图谱： 第一代神：创始元灵。 第二代神：创始元灵四大徒弟。鸿钧老祖、混鲲祖师、女娲娘娘、陆压道君。 第三代神：鸿钧老祖座下——道德天尊（太上老君）、元始天尊（盘古大帝）、灵宝天尊（通天教主）；混鲲祖师座下——接引道人（如来佛祖）、准提道人（菩提老祖）；女娲娘娘座下——广寒仙子、后土娘娘；陆压道君无弟子。 第四代神：太上老君创立道教，门下弟子——玄都大法师；盘古大帝创立阐教，门下弟子——阐教十二金仙（广成子、赤精子等）、南极仙翁、姜子牙、燃灯道人等。 通天教主创立截教，门下弟子：多宝道人、赵公明、三霄娘娘等，后世玉帝掌管的神仙大部分都是通天教主门人。 接引道人和准提道人创立西方教，接引弟子门下弟子太多按下不表，准提道人门下弟子是大名鼎鼎的齐天大圣孙悟空，混世四猴（灵明石猴、赤尻马猴、通臂猿猴、六耳猕猴）之首。 其他重要神仙：玉皇大帝，号昊天，鸿钧老祖座下童子，接替战死的天帝帝俊。 肉身成圣的弟子：李靖、哪吒、杨戬等。 三、推荐书目 《封神榜》《山海经》《大唐西域记》《大慈恩寺三藏法师传》和《行者玄奘》	根据目录，说一说你对哪一章节感兴趣，并说明理由。 回忆自己从影视剧或课外书中知道的神话故事和人物

（二）问题清单

1.《三国演义》问题清单

（1）你怎样看待刘关张之间的结拜情义？

（2）你怎样评价曹操这个人？

（3）说说你心中的英雄观。

2. 《红楼梦》问题清单

（1）《红楼梦》中人物谐音有哪些含义？

（2）"金陵十二钗"中你最喜欢哪个人物，能解读一下她的判词吗？

（3）你觉得在现代社会中，林黛玉和薛宝钗谁会更受欢迎呢？

3. 《水浒传》问题清单

（1）林冲是怎样被逼上梁山的？

（2）你最喜欢《水浒传》中的哪个人物，为什么？

（3）说说《水浒传》中的反叛精神。

（三）收集素材

（1）阅读名著。

（2）观看影视作品。

（3）通过网络收集作者创作的时代背景。

（4）观看《百家讲坛》。

……

（四）项目成果

（1）秀一秀自己的作品。

（2）总结活动过程中的得与失。

（五）活动评价

活动评价表如表3-2-4所示。

表3-2-4　活动评价表

项目	标准	自评	同伴评
作品内容	1. 视角独特，有自己的观点。 2. 收集的材料能经过分析加工		
展示交流	1. 书写或表达流畅。 2. 录制视频态度自然大方		

附：

活动照片（见图3-2-2至图3-2-6）。

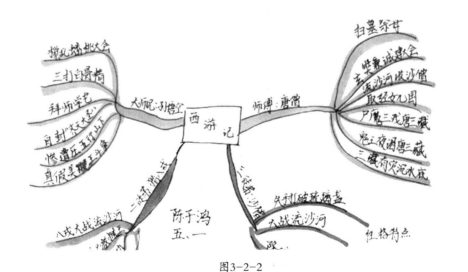

图3-2-2

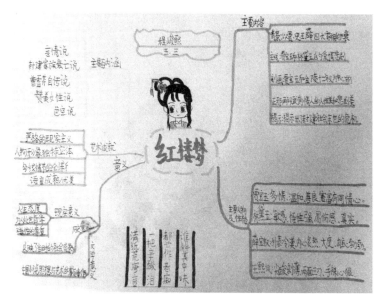

图3-2-3

图3-2-4

图3-2-5

图3-2-6

在学校第七届校园读书节活动举办之际，五年级的学生虽延学在家，但他们对这次特殊的"云端之约"的热情却丝毫没有减弱。为了激发学生的阅读兴趣，也为了推动对中国四大名著进行深入探索，五年级的读书嘉年华活动围绕四大名著展开。虽然没有了面对面的展示交流，但是借助线下阅读、线上展示的形式，学生们将四大名著读出了新高度，"玩"出了新名堂。

"煮酒论英雄、火烧赤壁、千里走单骑"……气势磅礴的战争场面、运筹帷幄的谋略，被一一写进了自制的大事年表里，从中领略历史的风云变幻；《红楼梦》中各型各色的人物、复杂的人物关系被清晰地再现在了活泼的思维导图里，再也不用为"剪不断、理还乱"的人物关系烧脑了。走进"少年微讲坛"，或正襟危坐、或衣冠楚楚的名著小专家们，正进行着一场场有料、有趣、有见地的"硬核"演讲。"我看诸葛亮""为什么有九九八十一难""《红楼梦》中的古诗词之我见"等，小专家们娓娓道来，颇有大家风范。

别看这些小专家此时风光无限，他们为了这次开讲，在这之前可是做足了功课。先是选择自己最擅长或是最感兴趣的内容，收集大量的资料进行整理、分析，形成自己的看法和结论。然后进行反复的录制，直到满意为止。小专家潘兴辰说："这次开讲，虽然我只讲了几分钟，但我和妈妈却录了整整两天。我知道我需要面对整个级部的观众，来不得一丝马虎！"

如果认为前面看到的都是精挑细选出来的节目，只是"小众"们的狂欢，那就想错了。五年级级部有学生156名，可谓藏龙卧虎。为了将这帮"神兽"在居家学习的日子里都集结在一块，级部负责老师刘静，有了一个大胆的想法——建立级部群。说干就干，很快级部群就建立起来了。级部群成为读书嘉年华互通有无、展示自我的大秀场。大家把参加读书节活动的材料上传到群里，共赏共析。级部群里挖掘出了一个又一个"宝藏男孩""宝藏女孩"。

读水浒、话三国、走西游、说红楼……一个个活动精彩纷呈。读书嘉年华活动在这个网络信息时代，更激发了学生们读书和分享的热情，让他们的思路更加开阔了，形式更加灵活了。

参考文献

周霁晨.新时代高校信息素养教育的动能转换和空间再造［J］.渤海大学学报（哲学社会科学版），2019，41（6）：152-155.

第三节　提升教师的信息素养，为学生的 信息素养提升赋能

牟虹羽等在《教师"信息素养"的内涵探析》中从认知、技能、情感角度等五个方面对教师信息素养的内涵进行剖析，他们认为教师信息素养应该包含以下几个方面：信息知识、信息意识、信息获取与整合能力、信息实际操作能力和信息道德素养。那么，教师信息素养提升中一个关键的因素就是教师自身要意识到这种素养对解决遇到的问题有帮助，从而主动去学习，摆脱传统思想和固有思维的束缚。

一、教育信息化中教师思维的转变

教育信息化是未来教育的必然。小学语文课程标准的"教学建议"部分曾指出："教师应确立适应社会发展和学生需求的语文教育观念，注重吸收新知识，不断提高自身的综合素养。应认真钻研教材，正确理解、把握教材内容，创造性地使用教材；积极开发、合理利用课程资源，灵活运用多种教学策略和现代教育技术，努力探索网络环境下新的教学方式。"可见，随着现代科学和信息技术的迅猛发展，作为新时代的教师，不但要看到学生在信息化时代的巨大变化，更要审视自己，充分利用信息资源，通过电子阅读、多媒体、网络技术等多种渠道不断学习，以提升自己的信息素养。

二、学校搭建教师信息素养提升平台

学校给予教师信息素养提升的多元化途径也是一个重要因素。只有教师自

身信息素养得到提升，能够熟练运用信息技术工具获取信息，整合利用信息，增强解决教育教学中的实际问题的能力，才能促进学生信息素养的提升。

1. 聚焦数据分析，提升教师信息素养

在山东省小学2021年"互联网+教师专业发展"研修中，学校把山东省中小学教师信息技术应用能力提升工程2.0项目作为校本研修内容。目前，我校的软硬件设备配置基本到位，校园信息化平台、教学资源库都已完成建设。信息化平台不仅能够实现全校师生的教学、科研、生活等方面的服务和管理，在家校沟通方面也得到了家长的一致好评。但在教育教学方面，大多数教师仅停留在PPT制作这样简单的技术应用上，信息技术应用能力有待提高。信息化平台的大数据分析功能利用率不高，教师反映不知道应该如何进行数据分析，并将结果用于提升教育教学质量。本次研修旨在采用数据驱动教学模式，关注个性化教育理念，引导学校全体教师和管理层人员思考并探索如何充分利用学生数据、学习数据、教师数据、教学数据等，为学校的教学和管理提供支持，促进学生的个性化发展。

2. 组建"教师发展共同体"，提升教师信息素养

为推动教师专业成长，提升学校核心竞争力，激发和唤醒教师的内在潜质，学校组建"教师发展共同体"，该共同体将教学、培训、教研等教师培育途径有机结合，借助智慧众筹解决教研组在实际工作过程中存在的问题。比如，在教师读书沙龙活动中，老师们以小组为单位选择不同的读书主题进行讨论，小组成员有的发表见解，有的进行补充，有的提出新的观点，有的拿起彩笔在稿纸上用思维导图的形式进行记录。在这场头脑风暴中，不同于专业信息技术的培训，这是教师自身对读书内容的理解，是结合自己的教育教学经验输出信息的一个过程，也是信息与信息交流的过程。在这样的氛围中成长起来的教师，才会保持对信息的敏感度，才会把自己的这种信息意识潜移默化地传递到学生身上。

三、信息道德素养

信息道德是信息素养的重要组成部分，它隐性地存在于信息活动各个环节中，它是用来规范信息活动中产生的各种关系的一种无形的自觉行为。信息道德是信息化时代的必然产物，是传统道德在网络世界的延伸。只有提高了道德素养，信息意识、信息能力、信息观念等才能在正确的轨道上。

习近平总书记曾在网络安全和信息化工作座谈会上的讲话中指出："互联网是一个社会信息大平台，亿万网民在上面获得信息、交流信息，这会对他们的求知途径、思维方式、价值观念产生重要影响，特别是会对他们对国家、对社会、对工作、对人生的看法产生重要影响。""我们要本着对社会负责、对人民负责的态度，依法加强网络空间治理，加强网络内容建设，做强网上正面宣传，培育积极健康、向上向善的网络文化，用社会主义核心价值观和人类优秀文明成果滋养人心、滋养社会，做到正能量充沛、主旋律高昂，为广大网民特别是青少年营造一个风清气正的网络空间。"

作为教师，在看到网络给我们的生活带来便捷的同时，也要认识到网络信息繁杂、良莠不齐。教师作为成年人、作为学生人生道路的引导者，要认识到信息道德的重要意义，加强自身的信息道德修养，引导学生正确使用信息技术。为了避免学生只知道在网上查阅资料，忽视信息的甄别、筛选，教师还要帮助学生分析互联网的利与弊，锻炼学生分析信息和辨别信息的能力，规范学生的上网行为。如有些学生沉迷于网络游戏，有些学生喜欢刷娱乐短视频等，这就需要教师告诉学生在网络世界中什么是可取的，什么是不可取的，帮助他们提升辨别信息的能力，培养他们初步具有正确的人生观、价值观，提高信息道德修养，同时提升自我保护的意识，这样才能为学生信息素养的提升赋能。

无论是信息意识的建立还是信息能力的训练，目的都是提升学生的信息素养，从而促进学生阅读素养的发展。在图书馆课程的带动下，教师和学生是共同学习的伙伴，师生互相促进，在多样化阅读中提升阅读能力，强化阅读素养，带动信息素养提升，让信息素养教育成为培养终身学习能力的重要途径。

参考文献

[1] 牟虹羽，刘剑昭，肖吉，等.教师"信息素养"的内涵探析 [J].劳动保障研究，2018（1）.

［2］中华人民共和国教育部.义务教育语文课程标准（2011年版）［S］.

北京：北京师范大学出版社，2012.

［3］习近平.在网络安全和信息化工作座谈会上的讲话［EB/OL］.

（2016-4-19）［2016-4-25］.http：//www.cac.gov.cn/2016-04/25/

c_1118731366.htm?_wv=1031.

第四章

图书馆视域下的
公民素养提升

公民素养是指公民需要具备的修习与涵养，或者是经过养成形成的良好习惯和品质。随着社会不断发展，公民素养逐渐成为社会发展的奠基石，是合格的公民进入社会具备的基本素养之一。《国家中长期教育改革和发展规划纲要（2010—2020年）》提出"培养社会主义合格公民"的教育目标。公民素质教育是人全面发展的需要，是我国社会主义现代化建设的需要，更是构建和谐社会的需要。开展公民教育，培养合格公民，需要从小抓起，因此在小学教育阶段开展公民素养教育极为迫切。新时代现代化建设事业的发展呼唤全社会关注公民教育问题，特别是应帮助公民树立公平与效率、竞争与合作、权利与义务等方面的新观念，清晰地认识个人与社会、个人与国家的关系，意识到个人的价值与尊严。

结合时代背景、学生基础、学校教育的宗旨以及整体功能，我们将"公民素养"的培养界定为：在图书馆课程实施过程中，使小学生能够提高对自身公民身份的主体性认识，提高作为公民主动参与社会生活的能力和意识；使小学生通过参与社会公共问题的调研、讨论、解决等，促进其道德素养、政治法律素养、科学人文素养、健康素养等重要公民素质的养成。通过渗透公民素养教育，促进学生自主成长；引导学生融入实际生活，参与社会实践，培养责任担当意识、良好的行为习惯，为学生的成长和发展奠定基础。图书馆公民素养课程帮助学生明确自我与自我之外的权利和义务，特别是培养学生自主管理、自律意识、礼仪规范和社会公德，提升道德修养。

参考文献

聂沉香，杨维.试论我国公民素质教育的意义及策略［J］.科教导刊（下旬），2016（2）.

第一节　教师素养牵动学生公民素养提升

　　针对学生的年龄特点，通过学校、家庭教育活动，小学生逐步形成良好的行为习惯规范，其目的是加强学生良好思想品德的养成，使他们具备良好公民素质，并具备道德意识、法律意识。学校借助开放式图书馆的优势，利用图书馆中的绘本阅读资源，鼓励教师使用和开发适合提升学生的文化素质、道德素质，特别是有道理、规矩、对错、是非、品性、德行等的绘本来进行教学研究，指导学生在读、研、创绘本的过程中提升公民素养。为提高教师教研的实效性，组建教师发展共同体，借助团队合力，精研绘本教材，深挖素养培育点，提高学生的公民素养。

　　学校组成九个教师发展共同体，在各个共同体内进行公民素养绘本教研活动。自开展课题研究以来，师生共研究《排好队，一个接一个》《被挤烂的丸子店》《和甘伯伯去游河》《亨利的地图》等20多册绘本，学生们在读研绘本的过程中感知、理解自己与外部世界存在的关系和规律，从而建立起身在图书馆及其他公共空间良好的自我管理、秩序和规则意识。

　　以《被挤烂的丸子店》为例，引导学生明白"要文明排队，还有制止别人插队的错误行为"的规则，因为社会规则需要每一个人都来维护。

《被挤烂的丸子店》教学设计

一、教学目标

　　（1）通过阅读绘本故事《被挤烂的丸子店》初步建立秩序规则的概念，知道学校生活、班级生活都离不开规则。

　　（2）通过小组讨论交流，树立规则意识，知道规则在班级中的重要性。

（3）知道只有人人遵守规则，班级生活才能变得更和谐、更快乐。

二、教学过程

环节一：导入

（1）教师谈话：今天老师给大家带来了新朋友，你们想认识他们吗？

（2）教师引导：那就让我们一同走进绘本故事——《被挤烂的丸子店》。

（3）播放绘本故事，边听边思考。

活动意图：通过学生对马特人的好奇，激发学生兴趣，引出绘本故事《被挤烂的丸子店》。

环节二：初识秩序与规则

（1）画面停止（马特人一拥而上）。

教师提问：大家猜猜结果怎么样了？

（2）教师引导：让我们继续读故事，看看是不是和同学们说的一样。

继续播放绘本故事。

（3）教师过渡：故事读完了，同学们都猜对了。

（4）教师提问1：那请大家想一想，为什么会出现这样的结果呢？

提问2：如果你就在现场，你会对马特人说什么呢？你有什么好办法呢？

（5）教师小结：同学们说得真好！虽然啦啦丸很有趣，但是我们也应该遵守秩序，有序排队购买，否则就会像马特人一样不仅吃不到啦啦丸，还会出现严重的安全事故。

活动意图：通过小组合作的方式，让学生讨论、分享、总结，让学生自己发现秩序与规则的重要性。

环节三：图书馆及班级里的规则

（1）教师过渡："没有规矩，不成方圆"，生活中处处有规则，公共生活也不例外，也需要遵守规则。

（板书：公共生活有规则）

（2）教师提问：请同学们说说，在我们的图书馆中都有哪些规则？

追问：同学们说得非常好，老师想问问，这些规则是谁制定的？

（3）教师引导：建设一个文明有序的班级需要每一位同学的努力，在我们的班级生活中还是有些不文明的现象，我们一起来看看。

（出示图片）

追问：除了以上这些问题，还有其他的不文明现象吗?

（4）教师过渡：这节课我们继续完善我们的图书馆规则和班级规则。

（5）教师引导：请以小组为单位，对不文明现象制定规则以提醒大家，补充我们的班级规则。

（6）汇报交流。

环节四：遵守秩序我先行

争做公共空间守秩序小达人。

学生小组内交流，推选小达人，参与全班竞选，颁发荣誉勋章。

第二节　家校共育提升学生的公民素养

通过学校、家庭阅读活动，小学生逐步形成良好的行为习惯规范，其目的是加强学生良好思想品德的养成，使他们具备良好公民素质，并渗透道德意识、法律意识、环境意识和健康的心理等教育，对小学生进行公民素养养成教育，并以此提升图书馆课程的教育内涵，塑造高素质的学生群体。

学校借助图书馆中大量的阅读材料，鼓励学生借书、读书，同时通过个人读、小组读和亲子共读的形式，提升阅读素养。在学生自主选择阅读材料的同时，教师进行阅读材料的积极干预，选择倾向于培养公民素养的传统文化读本、美德小故事以及名人传记等阅读材料，同时利用班级群倡导亲子阅读，形成家校共育的合力，并定期开办合格小公民之家风论坛，使家长的公民素养也得到提升，在内容与形式上保证学校和家庭对学生公民素养塑造上的不断层、不割裂。

"好家风好家训"主题活动

为深入贯彻落实习近平总书记关于重视"家庭建设，注重家庭、注重家教、注重家风"的重要讲话精神，大力弘扬中华传统美德和优秀文化，深化家庭道德建设，树立优良家风家训，引导广大家庭讲道德、守法纪，建设文明、健康、向上的家庭文化，结合区教育局德育文化建设，开展"好家风好家训"主题活动。

一、活动目的

家风是一种无言的教育，它在潜移默化中影响孩子的心灵，塑造孩子的人格。通过主题活动，让学生知晓家风家训，围绕传承好家训、培育好家风、共筑"中国梦"，切实加强家校联系，强化"感恩父母，对父母负责"的意识。积极引导广大家长学习先进的教育理念，掌握科学的教育方法，建设文明的家庭文化，树立良好家风，传承家庭美德。

二、活动时间

2021年2月至6月。

三、活动内容

开展"好家风好家训"主题教育活动，利用家庭结合、升旗仪式、班队会等形式开展主题教育活动，在全校范围内组织所有班级召开以"说说我家家风""家风故事""我理想的家风""家风助我成长""父母教会我××"等为内容的班队会，讲述家风小故事，营造良好氛围，推动活动开展。

四、相关要求和安排

1. 开展"好家风故事会"，征集家教故事

开展家教主题故事会，组织学生讲述家教经历，要求真实感人，富有教育意义。

2. 各班利用不同渠道开展"好家风好家训"宣传活动

围绕主题，精心策划，通过板报（各班出一期）、手抄报（每班5份）等形式在校内、校外深入广泛宣传，让学生、家长充分了解主题活动的意义和要求，把工作落到实处。

3. 征集"尊老爱老、感恩孝亲"的好少年事迹

各班评出5名，学校授予"孝心好少年"称号，将好少年事迹在学校主要媒体和网络上进行报道宣传，大力推动孝敬文化走进青少年心里。

4. 开展"寻找最美家庭"活动

活动范围：本校学生的家庭。开展主题宣传，充分发挥网络媒体作用，通过集中寻找、推荐，评选出"热心公益""勤劳致富""教子有方""勤俭节约""孝老爱亲"每班5户"最美家庭"。要让活动成为家庭文明建设的创新实践和重要抓手，最大限度地发挥教育引领和宣传示范作用，集中展示中华民族家庭美德和良好家风的时代内涵，大力弘扬尊老爱幼、科学教子、勤俭持家、邻里互助的家庭文明新风。

请班级高度重视，把此项活动作为弘扬中华传统文化、践行社会主义核心价值观的重要载体，精心组织，广泛发动，深入挖掘，积极选送优秀作品参加征集活动。同时，各班级要以"好家风好家训"为重点，广泛开展文明家庭创建活动，引导学生从自身做起，从家庭做起，弘扬时代新风，传承中华传统家庭美德。

四年级家风论坛
——家风建设系列活动报道

5月15日，四年级专场家风论坛如期举行，近300名家长参加了本次活动，即便是下雨也无法阻挡他们学习的热情。

家风论坛已经成为家校共育的一张名片，为数千个家庭搭建了展现优秀家风、共享育子经验的平台。四年级家风论坛是继4月19日二年级专场、6月14日三年级专场后的第三场，在三期的家风论坛专场中共有二十一位主讲嘉宾共享家风传承与育子心得，惠及学校家庭家风建设。

四年级（1）班孟爸爸以"孟氏家风，从心做起"为题分享了他们家对于孟氏家风的内化与传承。孟爸爸通过"小长辈的烦恼——孝礼规矩""小记者报道祖国——善""没有字典的童年——俭"以及"写春联——读书"四个故事，总结了自己对孟氏家风的理解与实践；因此，孝顺、善良、勤俭、读书的习惯与品质也顺理成章地融入了家教和家风。

孟爸爸在分享中特别强调了家长陪伴的重要性，他指出，"孩子终究是孩子，作为家长的我们要有足够的耐心和信心，就算再忙也要抽出时间多陪孩子。陪他们一起成长，等他们慢慢变好。时间就像一张网，你撒向哪里，收获就在哪里"。

四年级（2）班张妈妈分享了养育儿子过程中的六条育子经验与教育原则，即"互相尊重，平等交流，注意沟通方式""有担当，懂负责""保持好奇心，保持学习的热情""注重家庭，彼此独立又互相关心""心胸豁达，学会坚韧"以及"好习惯得益一生"。对于这些经验与原则，只有为人父母，才能渐渐明白这些都是应该潜移默化地传承下去的好家风。

四年级（3）班马妈妈分思考、蜕变、磨合、渗透、融入与升华六个板块讲述了她作为一名"甩手妈妈"在附小家风建设年中的成长故事。从基本不会和学校进行什么互动的"甩手妈妈"到班级家委会的一员，在学校的每一个家庭日里，"甩手妈妈"不再甩手，而是认真对待，认真体会每个家庭日的内涵。

在蓝天下最美丽的校园里，学校共聚家庭育人智慧，助孩子健康茁壮成长！家风蔚然，国风浩荡，风从附小来！下学期，学校还将继续开展一系列的家风活动，谱写出更为精彩的华章！

第三节　以图书馆为载体，生发课程，知行合一

在社会全面信息化的今天，学校图书馆的开放形式不再是简简单单的开架式自由借阅，更体现在图书馆各种功能的扩展和与学生的自由互动方式上。这种更深层次的开放，是图书馆"以人为本"的服务宗旨的进一步体现，也是信息化社会图书馆的发展趋势之一。

我们以学校开放图书馆理念为指导，以"开放"为核心，建构图书馆课程。图书馆课程的建设注重与图书馆快乐、尊重、和谐、互动、共生的特征一脉相承，与图书馆人、资源、空间融合生长。在学校图书馆课程体系下，按照培养目标和教改要求对致力于公民素养提升的自主管理课程进行了实践落地，根据图书馆多维的空间特点，结合学生的年龄特征、学习方式的不同利用好图书馆资源，设计了不同课程。如针对低年段（一、二年级）学生，以培养学生认识图书馆、图书馆礼仪、图书分类为目标的图书馆认知课程。

"认识图书馆"教学设计

一、教学目标

（1）了解有关图书馆的知识，对其有一个感性的认识。

（2）学会在图书馆里查阅图书。

（3）了解并自觉遵守在图书馆借书及读书的规章制度。

二、教学准备

围绕图书馆的知识进行收集和整理，制订一份活动计划（图书馆什么样，图书馆开放的时间，怎样借……），准备在课上介绍、交流。

让学生利用课外时间进行探究性学习：以一人或数人为单位，以"我所知道的图书馆"为题，到图书馆走访、利用相关书籍或网络资料的介绍，对图书馆有一个初步的了解。

三、教学重点

了解并自觉遵守在图书馆借书及读书的规章制度。

四、教学难点

学会在图书馆里查阅图书。

五、教学地点

图书馆。

六、教学过程

1. 图书馆常识知多少

请同学们展示并介绍课前准备的以"我所知道的图书馆"为主题所收集整理的资料：图书馆常识。

（图书馆的位置，图书馆什么样，图书馆开放的时间，怎样借……）

提示：在具体的活动过程中，对于图书馆常识的介绍，内容简单点一下就可以了；教师可以扩展学校图书馆开馆资料等内容，激发学生了解、利用图书馆的热情。

2. 感受与体验

学生分小组在本校的图书馆参观，了解各类书籍摆放的位置和规律，更准确地找到自己想要阅读或查阅的书籍。

了解借阅须知，填写借阅卡，从图书管理员（学生志愿者）那里借阅自己需要的书，从而熟练掌握借阅的程序和方法。

提示：这一环节的关键在于要带领学生去图书馆亲身体验。

这一点至关重要。说得再多，学生没有实际的经验还是不会查阅资料。在认真向图书管理员学习请教的过程中要虚心，在图书馆里不要喧哗，要爱护图书。

3. 角色扮演

体验完成后，在图书馆志愿者的帮助下可以进行角色扮演。一部分学生做借阅者，一部分学生轮流做图书管理员，练习借书的程序。

提示：这一环节旨在锻炼培养学生的实践能力、协作能力。建议采用情境教学法，为其设定一个情境，在趣味性活动中充分调动学生的积极性，使他们熟悉借书的过程。

4. 活动总结（略）

5. 课外延伸

（1）带学生去本地区的公共图书馆参观学习。

（2）举办一次图书展览报告会，将学生自己爱读的书、想读的书等展示出来并进行相互交流。

图书馆是高雅的场所，学生在图书馆更要注意修养。在学校和公共图书馆的综合阅读区里，读者较多，早来的人不应该给晚来的人占座位。如果人少，也不能利用空座椅躺下休息，那样有失文雅。图书馆的阅览区、资料区，一般都制定有阅览规则，以保证大家有秩序地查阅。在图书馆看书或查找资料要遵守阅览规则，保持室内安静，不要大声喧哗，不要与伙伴闲聊，以免影响他人。借书要遵循借书程序，如期归还。图书是知识的载体、历史的档案，所以爱护图书十分重要。对图书馆的书不能折角，不要在书上画标记，更不要把自己需要的资料、图片撕下来或"开天窗"。图书馆的书是为全校师生或全体市民服务的，毁坏图书是非常不文明的行为，将受到严肃批评与处罚。

图书馆礼仪课《一只有教养的狼》教学设计

一、教学目标

（1）给学生提供阅读材料，学生通过故事情节、社会、文化与语言学知识来构建经验意识。

（2）学生能有礼貌地表达自己的看法；学生能从不同的角度看待问题。

（3）学生通过阅读绘本《一只有教养的狼》，培养良好的聆听能力，能听出说话者说话的表达技巧；能尝试用图画与文字的方式来表达对故事的理解，并能结合图书馆明确图书馆的礼仪须知，养成正确的态度和习惯。

（4）学生能积极参与讨论活动；能知道自省和尊重的意义与好处；能表现尊重他人的行为，能反省并改正自己的不良行为。

二、教学重难点

重点：在教师的带领下，学生将故事清楚地描述出来；教师解析故事情节，让学生了解并有所感悟。

难点：孩子的自我意识强，动作、要求多半先考虑自己的立场。意见不合时常各执一词，互不相让，以致争论频繁。由于自我反省和尊重他人在人际交往互动中是不可或缺的一环，本课程的难点就是孩子通过阅读故事，讨论问题，叙述故事、绘画与简单的写作历程，体会尊重的意义。

三、教学准备

PPT绘本课件，图画纸、彩笔。

四、教学过程

1. 开展活动

（1）教师播放《一只有教养的狼》的绘本PPT，让学生仔细观看和聆听故事内容，并记下故事的大致内容。

（2）播放后，学生进行讨论交流，教师提出下列问题：

①大野狼第一次到农场是为了什么呢？结果呢？

②农场里的动物在做什么？

③大野狼想成为有教养的动物，它是怎么做的？

④第二次到农场发生了什么事？

⑤第三次到农场又发生了什么事？

⑥第四次到农场情况又如何？

⑦会写字、读书就是有教养吗？有教养的孩子应该是什么样子的？

（3）在教师的带领下，学生将故事清楚地表述出来；同时告诉学生阅读文章的原则和重点；解析故事中的情节，让学生了解并感悟。

2. 学生感悟

①我能接受他人的批评；②我能指出自己做得不好的地方；③我能提出自我改进的做法；④我能避免打断他人说话；⑤我能从绘本中找出不尊重他人的坏处；⑥我能从绘本中找出尊重他人的好处；⑦我能说出自己不尊重他人的行为事件；⑧我能为自己的行为道歉并提出改善的做法。

3. 图书馆礼仪

（1）教师播放图书馆小视频，让学生说一说自己的看法。

（2）学了这一课，出现视频中的情况，我该怎么办？

小组讨论、交流。

（3）达成共识：

学校图书馆是学生在校查阅资料、借阅图书和自修学习的地方。它与教室一样，是获取知识的殿堂，也是公共场所，这就要求学生必须遵守一定的礼仪和规范，保证环境的严肃和庄重。

学习拍手歌：

衣着整洁注意仪表；

做好疾病自我防控。

图书馆内保持安静；

走路选书动作要轻。

爱护图书财物设备；

保持馆内环境卫生。

查完资料书归原处；

遵循程序如期归还。

尊重馆内工作人员；

举止文雅恭敬礼让。

对志愿者而言，让他们作为读者代表参与图书馆日常事务管理，是一种互惠互利的互动方式。他们参与图书馆日常事务管理，如新书采购、新书加工、书籍排架等一系列环节，在这些过程中，熟悉图书馆工作的流程，了解图书馆的基本服务理念，清楚作为一名图书馆员应该具备哪些基本素质，同时也锻炼了动手实践能力，培养了责任心与创造力。

"学会把图书进行分类"教学设计

一、导入

通过前几课的学习，我们认识了学校图书馆，也懂得了图书馆入馆礼仪，那么，怎样才能更方便我们查看图书馆里的藏书呢？这节课我们就学习给图书进行分类。

二、学会给图书进行分类

图书馆的藏书太多了，想要找到那本自己心仪已久的书，真的很不容易。别担心，下面送出一整套找书攻略，助你快速找到心仪的那本书。

1. 认识索书号

索书号就像每名同学入学后都有一个学号一样，每本书也有属于自己的"学号"，它的名字叫索书号，又叫索取号，是图书馆藏书排架用的编码。一般由分行排列的一组号码组成，常被印在书脊下方的书标上，一个索书号只能代表一种书。在通常情况下，索书号由两部分组成：分类号和种次号。分类号依据《中国图书馆图书分类法》取号，由英文字母和阿拉伯数字构成。种次号即具有相同分类号的图书的流水次序号，由阿拉伯数字组成（见图4-3-1）。

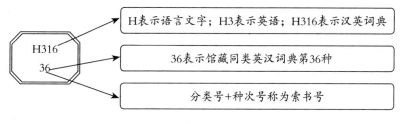

图4-3-1

2. 图书排列规则

（1）图书排架是按照索书号的大小，从左到右，从上到下呈S形排列。

（2）查找图书的步骤是：先看分类号，如果分类号相同再看种次号。

（3）分类号的排列：

分类号的排列是按照从左至右逐位对比的方法进行，先比较字母部分，再比较数字部分。字母部分按英文字母固有的次序进行排列。

例：B2　　中国文学

　　B3　　世界文学

分类号中的阿拉伯数字依小数制排列。

例：A111，A2，A21

在书架上排列时，A2在A111之后，A21在A2之后。

D035.37　　安全教育

D035.4　　　自然科学

D035.37在书架上应排在D035.4之前。

（4）种次号的排列：

种次号的排列按阿拉伯数字的固有顺序，依次往后。

3. 阅读机的使用

熟悉了图书的分类排架规则以后，相信找书已经不是难题。但我们如何知道一本书的索书号呢？这就要使用一种"神器"——阅读机。在图书馆书库的门口放置一台阅读机。

（1）认识阅读机。

（2）熟悉操作流程。

（3）体验利用阅读机进行检索、阅读。

4. 练习找书

学生分小组进行找书活动，注意引导学生爱护图书，物归原处。

自主管理课程开发实践

研究者的学校图书馆是开放性图书馆，学生们可以自由进出借阅，这就需要学生在借书还书的过程中学会自主管理。

图书管理员竞聘

为锻炼学生的组织和管理能力，培养学生的民主参与意识，进一步加强学校少先队组织建设，真正实现"自己的活动自己搞，自己的阵地自己建，自己的事情自己管"，学校组织公开竞聘，在全体学生中招募爱读书、具有良好思想品德、愿意为大家服务和有较强组织能力的图书管理员。

学习部的张静涵、王含伊、荣妍精心制作了招募海报，早早地张贴在校园里，等待有想法的同学前来竞聘。

本次活动分为两个环节，第一环节是报名阶段：凡是一、二、三年级中，热爱读书，热心图书馆的工作，有一定的活动能力和组织管理能力，有意从事图书管理员工作的品学兼优的少先队员均可报名。图书馆共设有10个岗位，有30多名同学热情报名参与。第二环节是公开竞选阶段，分为演讲、才艺展示、提问三个方面内容：演讲内容包括自我介绍、介绍竞聘目的、对图书管理员工作的看法或建议以及上岗后的工作打算或创新活动的思路等，来向队员们证明自己的胆量、素质和才能。提问环节由评委老师预设图书管理员相关工作问题，让选手作答（见表4-3-1）。展示中，他们的演讲或充满激情，或沉稳大气；他们的表演个性飞扬，精彩纷呈，有朗诵诗歌，有手语表演，有钢琴弹奏，有动感舞姿，有悦耳歌声。

竞选活动圆满落下帷幕，10名大队委在老师的指导下快速组建自己的工作团队，投入图书馆管理工作。虽然同学们年纪尚小，但是为学校贡献力量的决心不小；虽然经验欠缺，但是努力做好工作的热情不缺，相信孩子们会在磨炼中不断坚强，在努力中不断完美。

6月1日，我们将隆重举行图书馆开馆仪式，届时，这些管理员将在全体学生面前宣誓，并领取管理员牌，走上工作岗位。

表4-3-1

图书管理员竞聘评分表					
姓名	讲话内容（30）	语言表达（30）	形象风度（20）	综合印象（20）	总分

（1）图书馆馆长竞聘（见图4-3-2至图4-3-4）。

图4-3-2　　　　　　　　　　　　　　　　图4-3-3

图4-3-4

（2）学生在课间自己借阅图书（见图4-3-5）。

图4-3-5

（3）学生在自主借阅图书（见图4-3-6）。

图4-3-6

（4）图书馆管理项目组同学清查整理图书借读登记（见图4-3-7）。

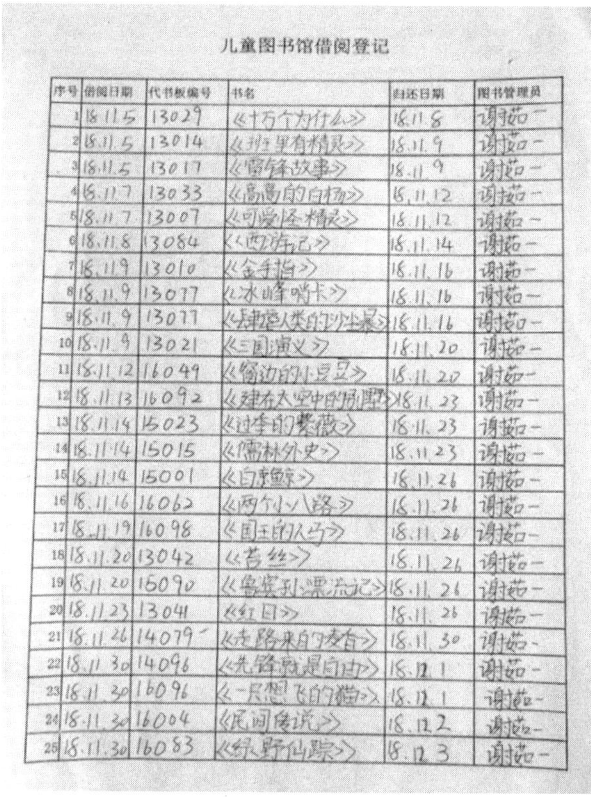

儿童图书馆借阅登记

序号	借阅日期	代书板编号	书名	归还日期	图书管理员
1	18.11.5	13029	《十万个为什么》	18.11.8	谢茹一
2	18.11.5	13014	《班里有精灵》	18.11.9	谢茹一
3	18.11.5	13017	《雷锋故事》	18.11.9	谢茹一
4	18.11.7	13033	《高高的白杨》	18.11.12	谢茹一
5	18.11.7	13007	《可爱怪精灵》	18.11.12	谢茹一
6	18.11.8	13084	《西游记》	18.11.14	谢茹一
7	18.11.9	13010	《金手指》	18.11.16	谢茹一
8	18.11.9	13077	《冰峰哨卡》	18.11.16	谢茹一
9	18.11.9	13077	《拯救人类的沙尘暴》	18.11.16	谢茹一
10	18.11.9	13021	《三国演义》	18.11.20	谢茹一
11	18.11.12	16049	《窗边的小豆豆》	18.11.20	谢茹一
12	18.11.13	16092	《建在太空中的别墅》	18.11.23	谢茹一
13	18.11.14	15023	《过季的紫薇》	18.11.23	谢茹一
14	18.11.14	15015	《儒林外史》	18.11.23	谢茹一
15	18.11.14	15001	《白鲸》	18.11.26	谢茹一
16	18.11.16	16062	《两个小八路》	18.11.26	谢茹一
17	18.11.19	16098	《国王的人马》	18.11.26	谢茹一
18	18.11.20	13042	《苔丝》	18.11.26	谢茹一
19	18.11.20	15090	《鲁宾孙漂流记》	18.11.26	谢茹一
20	18.11.23	13041	《红日》	18.11.26	谢茹一
21	18.11.26	14079	《走路来的友谊》	18.11.30	谢茹一
22	18.11.30	14096	《先锋就是自由》	18.12.1	谢茹一
23	18.11.30	16096	《一只想飞的猫》	18.12.1	谢茹一
24	18.11.30	16004	《民间传说》	18.12.2	谢茹一
25	18.11.30	16083	《绿野仙踪》	18.12.3	谢茹一

图4-3-7

《鸣虫乐队》新书发布项目计划书

一、项目概述

1. 项目目标

（1）知识目标：通过交际实践，懂得什么是好书，并乐意将自己读过的一本好书的主要内容、自己的看法和体会清楚明白地介绍给他人。

（2）技能目标：在新书推介中，学会与他人合作，具有新书推介的技能，具有初步的沟通与协调能力。

（3）情感目标：认识读书的价值和意义，激发学生热爱读书的愿望。

（4）公民素养目标：主动参与其中，乐于与他人交流和合作，实现自我培养，意识到个人的价值与尊严。

2. 项目概要

随着全阅读活动的开展，学校儿童图书馆的开放，越来越多绘本图书涌入学生的视野。大量的绘本阅读激发了学生创作绘本的热情。我校李俊泽的原创绘本《鸣虫乐队》在区全阅读发布会上进行了推介。为了让校内更多的学生走近这本书，阅读这本书，受到同伴的感染和激励，把这本让自己着迷的图书与他人分享。

孩子的天性就是乐于把自己内心欢喜的事情和东西与他人分享。在本项目中，学生通过遴选喜欢的图书，学习新书打榜方法，明确新书打榜的主要步骤，选择新书打榜的方式以及活动设计，激发热爱读书的愿望，并从中培养自主、交流、合作的意识，实现自我培养。

3. 项目流程

项目流程如图4-3-8所示。

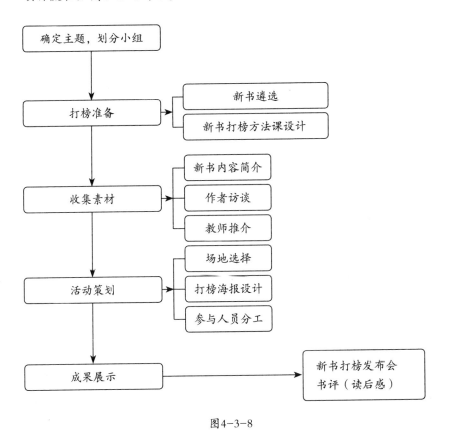

图4-3-8

二、项目规划

1.《鸣虫乐队》原创绘本阅读

（1）阅读《鸣虫乐队》。

（2）新书打榜方法课设计。

2. 资料收集

（1）新书内容简介。

（2）作者创作心路历程。

（3）教师推介理由。

3. 活动策划

（1）发布地点：图书馆绘本阅读馆。

（2）《鸣虫乐队》海报设计。

（3）人员分工安排。

4. 成果展示

（1）新书发布会。

（2）新书书评。

三、项目实施

（1）阅读《鸣虫乐队》。

（2）新书打榜方法活动课。

"新书打榜"活动课设计

一、教学目标

（1）通过新书打榜，学会推荐书的基本方法。

（2）能用普通话交谈，能认真倾听，与同学进行交流，养成良好的口语交际习惯。

（3）认识读书的价值和意义，激发热爱读书的愿望。

二、教学重难点

引导学生相互交流自己读过的好书，努力用语言打动他人，引起他人的阅读兴趣；注意语言的连贯性和条理性；学会倾听、表达和交流。

三、教学准备

（1）学生课前收集整理自己读过的书，把自己喜欢的书带到学校，介绍给同学们看。

（2）教师准备多媒体课件。

四、教学时间

一课时。

五、教学过程

（一）板书课题，揭示内容

同学们，你们喜欢读书吗？（生举手表述自己的观点）是呀，为了使自己能健康、快乐地成长，我们就要多读书，读好书。今天我们来为新书打榜，师板书课题。

（二）讨论争议，认识"好书"

1. 出示问题

什么样的书才算是好书？

2. 学生讨论发言

（1）列举好书好在何处。老师鼓励学生畅所欲言，联系自己的实际谈看法。

（2）老师根据学生的回答概括如下：（课件出示）

① 内容健康、生动、有趣的书；

② 语言优美的书；

③ 图文并茂、给人美感的书；

④ 启迪智慧、教人做人的书；

⑤ 使人获得有益知识的书；

……

3. 课件出示名人名言，明白读好书的意义

导入：书就像我们的朋友，默默地与我们进行着心灵的对话。此时此刻在你的脑海中一定浮现出许许多多的读书名言，来，挑选一句你最喜欢的名言，大声地告诉老师好不好？学生交流。

读一本好书，就如同和一个高尚的人在交谈。——歌德

我扑在书上，就像饥饿的人扑在面包上。——高尔基

书到用时方恨少，事非经过不知难。——陆游

书籍是人类进步的阶梯。——高尔基

（三）学习如何推荐一本好书

1.推荐好书的方法

同学们读了这么多好书，还记得老师说过："你有一个苹果，我有一个苹果，彼此交换之后每个人还是只有一个苹果，但你有一种思想，我有一种思想，交换之后每个人就有两种思想了。"我们不仅要自己读，还要推荐给大家。那么，你认为向别人推荐好书的时候，可以介绍哪些方面的内容呢？

总结：我们推荐好书的时候，可以介绍主要内容，可以介绍作者或讲一个精彩片段，也可以从目录讲起。总之，能让大家喜欢看这本书，你就成功了。

2.小组内推荐

你们喜欢的书带来了吗？先在小组内推荐，再向全班推荐。

3.班级推荐

谁想把自己的书推荐给大家？

在学生自由发表意见的基础上，师生共同归纳、概括出介绍、推荐好书的基本方法。［课件出示：（1）可从哪些方面来推荐：①书名；②作者；③内容；④精彩之处；⑤收获。（2）可用什么形式：①营业员；②读者；③作者；④好书自述；⑤讲故事表演；⑥小记者采访。（3）推荐时怎么说：说得清楚明白，最后还可以加上"能不值得一读吗""不读真可惜啊""相信你读后也会和我一样喜欢这本书的"之类富有感情色彩的语言，以激起其他同学的阅读欲望。］

（四）扩展延伸，巩固提高

（1）老师知道你们平时积累了不少有关读书的名言警句，谁来说说？

（2）总结：书籍是人类进步的阶梯！愿同学们今后爱读书，会读书，多读书，读好书！

（3）作业：课后向你的同学、父母或邻居家的小朋友推荐一本好书。

（五）推荐书目

老师还有一些好书推荐给大家，拿出笔来，把喜欢的书目记下来。

推荐书目：

（1）《鸣虫乐队》

（2）《想活着有那么难吗》

（3）《哈佛女孩刘亦婷》

（4）《假如给我三天光明》

（5）《爱因斯坦和他的大脑实验室》

（六）总结

这节课我很高兴，因为我享受到了和同学们共同创设的愉快课堂。我发现同学们都很喜爱读书，我们还发现了很多好书。希望大家课后在不影响学习的前提下去阅读好书，尽情地体验阅读的好处，享受阅读的快乐。

（七）课后反思

设计这一课外阅读活动课的主要目的是让学生通过交流，懂得什么样的书是好书，让学生能开口说话，向同学介绍自己的阅读经历，畅谈在读书中的乐趣，懂得在交流中尊重他人，从而养成良好的交流习惯。还要让学生认识读书的意义，以带动更多的同学加入读书活动中。阅读浸润学生心灵，提高学生的整体水平。

1.作者谈创作心路历程

"两年前的我并不喜欢读书，甚至听到读书这俩字，心里就特别烦，但是绘本精美的图片、有趣的情节就像磁石一般深深吸引着我，学校图书馆的绘本专柜是我最爱去的地方。"回忆起曾经那个不爱读书的自己，李俊泽告诉记者，绘本改变了他的读书习惯，让他爱上了读书，更爱上了创作，并在创作过程中发现了自己无限的潜能。在此次原创绘本征集中，李俊泽带着两本绘本参加比赛，当他得知自己的绘本故事获得区一等奖的时候，激动得一整天都合不拢嘴。"这个寒假，我又有了一个新目标——创作一本立体绘本！"现场，李俊泽也给自己立下了一个"小目标"。

2.教师推介

李俊泽在学习上，勤奋认真，他喜欢阅读各类书籍，表现出极强的求知欲，他的阅读量大面广：不仅有各种童话、故事、少年儿童百科知识方面的书，还有《上下五千年》《弟子规》《三字经》《三十六计》等书籍。从《西游记》《三国演义》到《绿野仙踪》《昆虫记》，从《唐诗三百首》《弟子规》到《格林童话》《安徒生童话》，他贪婪地吮吸着书的乳汁，丰富着自己的精神世界和开阔着自己的知识视野。他不仅爱读书，还爱积累，每当在报纸上读到优美的文章，他总爱剪下来，粘贴在旧报刊上，久而久之，养成了积累美文的好习惯。在读中学，在读中悟，他的阅读水平不断地提高，渐渐地，他的写作能力也提高了不少。每次作文他都能取得好成绩，读书笔记、日记也常常是妙笔生花。不仅如此，他朗读文章时也是绘声绘色，饱含激情，给人以美的听觉感受。他还常和父母、同学一起讨论对名人的看法，对诸葛亮、吴承恩、牛顿、爱因斯坦……古今中外，他总有独到的见解。最近他获得了"科学小博士"优胜奖和"青奥小博士"称号，这也是他读书广泛，注意积累各种知识的结果。

李俊泽同学不仅喜欢阅读，而且兴趣爱好广泛。他爱绘画、爱手工制作。这次的《鸣虫乐队》就是他出色的构思和绘画精妙的结果，这本书非常有趣，情节引人入胜，让我们在哈哈一笑的同时又能激发我们的思索，是一本值得细细品味的好书。

（教师　张德静）

六、项目成果

1. 发布会现场

学校利用儿童图书馆的优势，精心布置属于孩子们的绘本馆。在绘本馆里，孩子们畅读绘本、写绘本、画绘本、演绘本，浓郁的绘本阅读氛围激发了学生制作绘本的无限热情。2018年，学校又为学生们购置了大量的优秀绘本作品，定期分批地让同学们轮流借阅，创设了更加浓厚的绘本阅读氛围，大大激发了同学们创作绘本的欲望。为提高学生的欣赏和制作水平，学校组织专业的美术教师对学生进行了专门的培训和指导。为了给有才艺的学生提供展示的机会，学校特定每年10月举行一年一度的绘本原创大赛，一个个优秀的原创绘本作品就此诞生了。

李同学在9月29日圆了他多年出书的梦想，拿到自己出的第一本新书，喜不自胜，满怀自豪地向大家介绍着自己的新书。

2. 海报设计（略）

3. 《鸣虫乐队》读后感（略）

七、项目评价（见表4-3-2）

表4-3-2 项目评价表

项目	标准	自评	伙伴评
活动过程	1.能主动参与，有自己的观点。 2.收集的材料能经过分析加工		
活动结果	打榜过程自然大方、表达流畅。 伙伴乐于尝试阅读		

第四节　拓宽实践路径，丰富学生体验

本着"读万卷书，行万里路"的指导思想，学校将阅读与研学相融合，开展了"背着图书馆游天下"研学活动，开发了中年级书香研学专线，实现了读中行、行中读，不断提升学生的阅读素养，同时在研学课程中培养学生熟知研学礼仪、遵守社会公德、增强自律意识。同时将校园图书接力跑活动延续至今，学生在畅游书海的同时，体验买书与卖书的乐趣，将阅读效益最大化。

开展北京研学团行前培训课

"读万卷书，行万里路"，我们始终本着"知行合一"的理念，让学生在玩中学，在做中学，在实践中学。为此，本学期安排了六年级学生的北京中科院研学之旅（见图4-4-1）。

图4-4-1

　　4月10日下午，参与北京中科院研学的六年级学生齐聚多媒体教室，进行行前的礼仪课程的培训。学校给全体学生讲解了交通礼仪、就餐礼仪、宾馆住宿礼仪等各方面的礼仪。号召学生将自己的文明礼仪带到校外，时刻展现一名小学生应有的风采。

　　4月10日下午放学后，参与研学的带队老师又召开了行前会议。每位老师把可能出现的问题都详细地列举出来，发挥智慧众筹的力量，把每个细节都商榷得近乎完美。老师们给学生布置了行前准备作业，让学生们在出发前收集有关参观场所的各方面的资料，针对不同的场馆，列出问题清单，带着问题去研学，争取研学收获最大化。

　　4月11日下午，德育处主任带领参加研学的学生学习了安全常识。重点讲解了路途中、住宿场所、参观场所的安全注意事项。

研学·北京，我来了

　　北京，我来了！同学们排着整齐的队伍，有序地来到轻轨站台前。35秒，118人，迅速、秩序井然地走进轻轨列车。

　　北京，我来了！安检长队前，不争不抢，每位学生老老实实地打开杯子，喝水验证，遵守规则是最大的人生底线；候车大厅里，不吵不闹，每位学生安安静静地坐成一片向阳花，有序候车，自律是人生路上最美的风景（见图4-4-2）。

图4-4-2

北京，我来了！我是有备而来的研究者，我是认真专注的倾听者，我是孜孜不倦的求知者，我是尝试独立的成长者，我是尽心尽力的爱心传递者，我是……（见图4-4-3）

图4-4-3

传递书香，好书共享

——第八届幸福图书接力跑活动

一本好书就像一艘航船，引领我们从浅狭的港湾驶向无垠的海洋。第26个世界读书日来临之际，学校举行了以"让图书获得最大利用价值，让书香在书虫间传递"为主题的第八届幸福图书接力跑活动。

活动伊始，学校举行了读书达人、书香家庭以及读书明星的颁奖活动，并为他们颁发了精美图书。

然后，图书接力活动正式开始了！场面立即沸腾起来！学生们拿出自己阅读过的图书，让书籍在伙伴手中跑起来，以远低于市场的价格售给小伙伴。

第一波顾客过来了！学生们有序地边走边看，遇到心仪的书籍就掏钱购买。有的学生给每本书制作了精美的书签，还有的学生准备了赠品。

孩子们在书摊前宣传、推荐、介绍，或者在书摊前驻足、流连、甄选，忙得不亦乐乎。操场上，书页翻转，书香蔓延。

读书，可以开阔我们的眼界，浸润我们的心灵，鼓舞我们的斗志，陶冶我们的情操。这次活动的开展，提高了同学们的组织协调能力、动手动脑能力，又培养了大家的爱心和分享精神，还使同学们结识了更多的朋友，这样将"无用"变为"有用"，使闲置书籍实现效益最大化。

自主管理和"背着图书馆游天下"课程以培养学生自主学习、自主管理、自主教育的教学，弥补了学科课程内容上对学生主动参与意识的培养，具有其他学科课程无法替代的作用。其教学活动是"第三教学"的形式，即通过引领学生走进自然、社会，使学生融入生活之中，切身实践，感知鲜活的社会生活，感悟人生，从在场体验中获得知识和技能，以培育发展学生的核心素养。课程的开发将深植于学生个体内心的心智模式以及难以进行编码的知识，或难以言说的知识等变成参与中的课程内容，从而创造隐性知识生成、迁移和共享的情境，在场体验与感悟，以愉悦和欢快的心情，在放松的情境中欣赏自然、社会与自我，完成隐性知识的迁移；通过获得多重感官的体验，获得美的享受，提高审美能力、合作能力、社会参与能力等，实现心灵的洗涤与情感陶冶，从而有效地培育了学生发展核心素养。

社会是最真实也是最实际的生活世界。图书馆视域下的公民素养提升贯彻了陶行知先生"社会即学校"的思想，让孩子养成自己的公民品性和公民能力，通过校园内外教学实践活动让学生在学校生活中发现自我价值，形成与人交往的品格，锻炼民主参与的能力。发挥家庭教育的作用，通过家校配合，把公民素养思想渗透到家庭生活的各个方面。学校将与学生生活息息相关的家庭、自然、社会结合起来，系统规划、潜移默化，使他们真正体验到个人与集体、个人与社会息息相关的内在联系，逐渐养成公民应该拥有的素养。

第 五 章

图书馆视域下的人文素养提升

随着新课程改革的不断深入，提高学生的人文素养已成为21世纪对人才的最基本要求。人文素养可以从广义和狭义两个方面来理解。从广义来说，人文素养是指一个人的内在精神品格。这种精神品格体现在人们的气质和价值取向等方面。人文素养是关于"人类认识自我"的一门学问。发展人文素养就是教学生学会正确做人，引导学生思考人生的目的、意义和价值等。从狭义来说，人文素养是指人文知识和技能的内化，主要指一个人的文化素质和精神品格。人文素养的培养始于人的自觉性，注重人的自我感悟、精神陶冶，着眼于情感的潜移默化。人文素养的核心不是"能力"，而是"以人为对象、以人为中心的精神"，其核心内容是对人类生存意义和价值的关怀，这就是"人文精神"。它追求人生和社会的美好境界，看重人的想象和生活的多样化，主张思想自由和个性解放是它的鲜明标志，它以人的价值、人的感知、人的尊严为尺度，以人来对抗任何凌驾于人的理论、观念等。

小学图书馆课程包含着丰富的人文知识和内涵，是提高学生人文素养的重要平台之一。本书研究的图书馆课程以图书馆和类图书馆场域为载体，以群组、项目化学习的方式完成课程实施，让图书馆成为师生们的学习中心、协作中心和资源共享中心，从而激发学生的阅读兴趣、培养学生的阅读习惯、提高学生的阅读素养，提升以自主、自律、参与为主的公民素养，以收集、整理、推介为主的信息素养，拓宽学生人文素养发展的途径。本章节重点阐述图书馆背景下的传统文化、课外阅读、绘本读创、精彩社团、幸福图书接力跑等课程项目的设计与实施，师生的人文素养在丰富的课程中不断得到提升。

参考文献

[1] 杨丽宁.理工科大学生的人文素质教育研究述评 [J].重庆与世界（学术版），2015（6）.

[2] 中华护理学会.人文素质的内涵 [J].中华护理杂志，2007（11）.

[3] 金永红，兰欣卉.培养人文素质是大学通识教育的核心元素 [J].北方经贸，2015（6）.

[4] 唐留根.浅议高等院校学生的人文素质教育 [J].当代教育实践与教学研究，2015（12）.

[5] 杜春兰.浅谈小学语文教学中如何培养学生的人文素养 [J].科学咨询（教育科研），2019（7）.

[6] 程文志，唐春光.高校图书馆的大学生人文素质教育研究 [J].兰台世界，2016（2）.

第一节　浓缩传统文化，厚植人文知识

学校图书馆不再只是收藏书籍的空间，更是学生学习的资源中心。与其他图书馆最大的区别在于，学校图书馆的最终目的是培养学生的人文素养和终身学习能力。比如，我校一、二年级开设"绘本阅读课程"校本课程时，教师们主动参与编写校本教材，制订教学计划。在编写教材时，根据不同的主题提供相应的绘本书单；在课程实施过程中，相关教师联合备课，制定多学科合作的教学模式，并拟订了教学计划。这样的角色作用让教师们在专业上得到成长，可谓"一举多得"。

人文素养的核心是人文精神，而人文精神则离不开丰厚的人文知识积淀。人文知识主要是由文、史、哲等几部分组成，培根曾说："读史使人明智，读诗使人聪慧，学习数学使人精密，物理学使人深刻，伦理学使人高尚，逻辑修辞使人善辩。"其中，史、诗、伦理即史、文、哲，可以提高我们的阅读涵养、智慧和品德。美术、音乐等艺术毋庸置疑，有利于我们修养和气质的熏陶与培养。

学校图书馆课程系统地对书籍进行高度的概括，便于阅读者整体了解人文知识，把握自己的阅读方向。如"哲学之窗"有"哲学史""哲学名家""科学哲学""人生哲学""哲学故事"等几大板块，又如文学板块中的"文学名家"又分为中国古代、现代、近代、当代文学名家和外国文学名家，然后又从生平、思想和著作等几个方面入手对文人们进行介绍与评说，并对经典书籍进行简要介绍，可以使学生更为直观地了解作者及其作品。可以说学校图书馆课程以时间和国别等方式传递了人类发展中传承下来的人文知识精华，为学生打开了一扇扇历史文化之窗，开启了一段段典籍阅读之旅。很多古典经籍已经过数百年甚至千年的历练和验证，凝结了历代人的智慧和思想精华。直接阅读、感悟和深入原典，才可以加强自身修养，扩充学生的人文知识。所以让学生深入文字去了解人物时代、思想和价值，由此及彼、为己所用才是阅读经典的根本。

学生人文素养的培养首先要向学生传递正确的价值观，让学生知道作为一名合格的小学生，应该具备哪些优秀的道德品质，保持怎样的行为规范，具备怎样的心理品质，这些品质，学生在小学阶段不一定能内化认同并表现出一致的行为，但是一种正确的价值观会随着学生的成长产生一种潜移默化的影响。所以开展传统文化课程是非常有必要的，但是像这种人文知识的传递仅依靠教师机械的传授是不符合学生身心发展规律的，这些内容距离学生太过遥远，学生不能完全理解其中的内涵，需要教师结合生活促进学生的体验。在中国共产党成立100周年之际，聚焦建党百年，传承红色基因，学校以波澜壮阔的党史教育为主题，以学校图书馆课程为抓手，结合儿童认知规律，注重党史的"可观、可悟、可践行"的育人特征，设计开展了"把初心融入内心，将使命注入生命"系列活动，创建红色文化课堂、打造红色文化阵地、探索红色文化，组织全体学生齐学党史，共明理想，立志寻梦，打造红色传统文化教育"大课堂"。

项目一：红色文化课堂，1200颗小红心向党飞

学校建立"党建教育融合管理机制"，实现"党建教育与学校管理互促共进的'双赢'"作为学校建设的基本思路。尤其是在2021年，学校牢牢把握在全社会广泛开展党史学习教育的契机，明确学校"把初心融入内心，将使命注入生命"的党史学习教育根本目标，开展了特色鲜明、形式多样的党史学习教育项目化课程和实践活动。

学校以图书馆课程和葫芦丝校本课程为载体，自本学期开学起，利用葫芦丝课堂进行红歌的学习。在教师的指导下，不仅学习红歌的吹奏和演唱，还通过每一首红歌，学习歌曲里的红色文化故事和知识，葫芦丝课堂成为学校红色文化教育的红色课堂，对孩子的教育意义深远、影响巨大。特别是1200名学生在操场上摆出巨大的党徽造型（见图5-1-1），1200颗小红心向党飞，用葫芦丝演奏《没有共产党就没有新中国》《打靶归来》等一首首红歌。

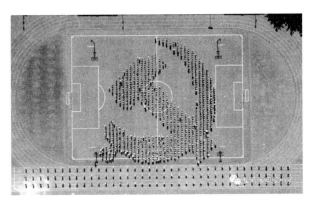

图5-1-1

学生在一首首红歌、一个个红色故事中拓展人文知识，对党的百年艰辛历程有了更加深入的了解。红色文化课堂的开展有利于学生形成正确的价值观。

项目二：红色文化阵地，鸿篇巨制红色文化长廊

百年征程波澜壮阔，百年初心历久弥坚。课题组以"打造红色文化长廊"为驱动，依托学校图书馆课程，跨学科整合，让学生走进党的发展历程，了解时代人物，感悟革命传统精神。

为了让学生更好地了解党的光辉历史，更好地开展红色教育，教室前的走廊变身为"红色文化长廊"。26个班，以波澜壮阔的党史为脉络，26个不同的主题内容，展现了中国共产党从建党到中华人民共和国成立的光辉历程和改革开放以来的伟大成就。学生们以年份、事件、意义、图片等图文并茂、通俗易懂的形式用自己的巧手匠心致敬党的百年华诞，记录了百年来中国共产党诞生、成长、壮大，不断走向胜利的伟大历程，展现了学生们的赤子之心。学生们通过在图书馆广泛收集查阅资料，或贴、或剪、或画，通过学生收集的"抗美援朝战争""开国大典""向雷锋同志学习"等板块展出，大大激发了学生从生活中寻找学习资料的信心，边学习边分享。驻足红色文化长廊，目之所及，欣赏着一幅幅历史画卷、读着一行行厚重文字，孩子们一次次穿梭在时光的隧道中，去了解、去感悟、去追忆、去链接光辉的过去并畅想美好的未来。

在收集信息、整理红色故事的过程中，红色文化深入每一名少先队员的心中。校园文化成为学生课程学习成果的展示台，在作品分享中，学生为作为一名光荣的少先队员而骄傲。

项目三：红色文化课程，人人都是红色文化讲解员

红色故事里蕴藏着对祖国的热爱，红色歌曲里饱含着对英雄人物的歌颂。对于学生来说，生动的故事、动人的红歌更能打动人心、引发共鸣。学校根据每个年级学生的特点，开发红色课程，号召学生读红色书籍，讲红色故事。"党史故事我来讲，人人都是讲解员"，学校少先大队发出校园"红色文化讲解员"的招募令后，各中队利用班队会课等时间，积极开展"党的故事我来讲，争做红色讲解员"活动。一个年级选择一个主题，每个班级逐一选拔，这样的活动形式既有知识获得，又加强情感培育，丰富了学生的业余生活，激发了学生的爱国主义热情。学生们收集党史故事，撰写讲解稿，借助各班的红色文化长廊，示范讲解，参与热情极其高涨。

为了更好地锻炼孩子们，学校还组织每班2名红色文化讲解员到大峰山党性教育基地学习，一是学习长清党史故事；二是学习讲解员的讲解规范、要领等。孩子们返回后，模仿讲解员的讲解，将学来的党史故事在班里示范讲给全班的讲解员听。小宣讲员们通过视频资料生动地讲述了我党发展历程中大峰山革命根据地以及学生们自主探究到的发生在一块块红色土地上的红色故事，让队员们更加深入了解了党的光辉历史，厚植了爱党爱国的情感，坚定了理想信念（见图5-1-2）。

图5-1-2

在充分的学习后，学生用最接近于我们的语言，创新播报的形式，把党的故事讲给身边的每个人。在绘声绘色的讲解中，孩子们的语言表达能力和人文知识都得到了提高。

附：

"一门三英烈"讲解稿

四年级（3）班　房子淇

听爷爷奶奶说，我们的家乡长清还是个英雄的小城呢！长清区三区西辛村这个小村子里有一户张姓人家，张家一门三英烈的英雄壮举感动了一代又一代的长清人。他们就是张贻祯、张贻荣、张贻昌（墓碑上的名字：张文卿、张仁卿、张贻祯）三兄弟。

1938年正月，日本鬼子血洗前大彦，激起三兄弟对日本帝国主义的强烈仇恨，于是他们相继投身革命，可是，1943年3月至10月的仅仅八个月中，三兄弟却先后殉国，令人痛心。

老三张贻昌的女儿张爱华是三兄弟唯一的后人。张贻昌得知妻子怀孕后拉住妻子的手说："我在外面干革命，枪林弹雨，不知道哪天再回来，孩子生下来无论是男是女都叫爱华。"1943年4月21日，张贻昌等4人执行任务。由于叛徒告密，他们被敌人发现，敌人向他们的藏身之处扔手榴弹，放柴火，用火烧。张贻昌身临绝境，仍坚持还击敌人，最后饮弹自尽，那时他才30岁。言犹在耳，但他再也没有回来，更没有听小爱华叫过一声"爸爸"。

老二张贻荣是兄弟三人当中最先投身革命的，1943年10月12日他在濮阳县被日寇包围，销毁文件时不幸被俘，面对敌人的威逼利诱和严刑拷打，他毫不动摇。最后，敌人将他活埋。活埋时，张贻荣不断地高呼："打倒日本帝国主义！中国共产党万岁！"直到渐渐没了声息。他的尸骨也就这样留在了他乡。2012年，张爱华携女儿来到河南省濮阳县白罡镇，开启了一场寻访之旅。一位八九十岁的老党员带领他们来到自家地头前说："这是我们家的地，大概在1943年这里活埋了一位年轻的共产党员，他死得很壮烈。"

"青山处处埋忠骨"，一门三英烈令人敬佩，这段红色的记忆将会成为永恒，这份永恒的精神也必将在长清这片土地上生根发芽，我们永不忘记，祖国永不忘记。

项目四：各种仪式课程，厚植红色文化元素

每周升旗仪式、师生国旗下讲话中必有一个党史主题；"红领巾心向党，争做新时代好队员"，用红色教育滋润学生心灵，助力学生成长，营造浓厚的校园红色文化氛围。如3月5日学雷锋纪念日，各班召开以"传承雷锋精神，争做新时代好少年"为主题的班会。号召同学们从小学先锋，长大做先锋，用实际行动践行雷锋精神。2021年3月12日，在第43个植树节到来之际，全体党员、少先队员共同举行"红心向党，同宣誓共植树，为建党一百周年献礼"主题教育活动。全体党员与队员在学校开心农场分别栽下了两棵榉树，象征着对党和祖国的美好祝愿，希望队员们能与小树共成长，共同见证党的第二个一百年历程。童心向党红歌赛，唱响红歌主旋律。全校举行了"童心向党"歌咏比赛。学生们在各种仪式课程中对党有了更深入的了解，明确了做一名优秀少先队员应该具备哪些优秀品质。

学校结合本校图书馆课程，开拓创新、精心部署，在提高学生阅读素养和信息素养的基础上，打造红色文化教育路径，使红色文化教育生活化、常态化，将红色基因根植于学生的血脉之中，引领学生将使命注入生命。通过开展党史学习教育，以立德树人为根本任务，创新学习教育模式，引导全校师生以项目化学习的方式重温红色经典，厚植人文知识，激发爱国情怀，让红色基因薪火相传，真正做到"学史明理、学史增信、学史崇德、学史力行"，为提高学生的人文素养打下坚实的基础。

参考文献

邱凯祥.小学品德与社会学科中人文素养的培养〔J〕.南昌教育学院学报，2015（6）.

第二节　丰富读书活动，渗透人文思想

　　朱永新老师说过：一所没有阅读的学校，永远不可能有真正的教育。培养学生良好的阅读习惯，已成为各学校重视的办学目标之一。学校如何助推图书馆课程建设的系统化构建，真正贯彻落实立德树人的根本任务？知易行难，人文素养教育到底该如何落实？形式多样的读书活动不仅可以提升学生的生活品质，还能丰盈学生的内在涵养。学校可以充分利用图书馆现有的硬件、软件资源来培养学生的阅读兴趣，激发学生的阅读热情并提升学生的人文素养。

　　正如朱永新老师所说："一个人的精神发育史就是他的阅读史，而一个民族的精神境界也取决于他的阅读水平。"阅读是一种能力，需要习惯的养成。小学阶段是培养孩子阅读兴趣与阅读习惯的黄金时期，孩子们能在阅读过程中获得一种情感的体验。它让孩子们在体验过程中学会积累，受到高尚情操的熏陶，发展独特的个性，丰富精神世界，对他们今后世界观与价值观的形成产生巨大影响。历年来，很多学校认为阅读推广任务应该由学校的语文教师承担，而在我们学校，图书馆是学校组织机构中的一个重要组成部分，是学校实现教育目标的重要基地，它的一项主要职能就是负责推进全校的阅读工作，包括在学校层面、班级层面和家庭层面开展各项活动。所以，学校以"打造书香校园"作为学校文化建设的最终愿景，以阅读为抓手，积极培养学生的人文素养，每年都会开展多项阅读活动推动全校阅读工作的推进，如以举办"读书嘉年华"项目化学习的形式，让学生快乐阅读，不断探索提高学生的阅读能力和人文素养。

"读书嘉年华"项目计划书

一、项目概述

随着新课程改革的不断深入，语文课程多次加重阅读比重，对各个学龄阶段学生的阅读量都提出了明确的要求。不论是高考的新导向还是终身发展的素质要求，都极大地鼓励着每个学生在增加各学科知识深度的同时，更广泛地阅读，不断提高自己的阅读量。为深入专项研究阅读，学校以书香校园建设为立足点，通过"读书嘉年华"项目化学习的形式，大力构建推广图书馆课程体系，使阅读成为撬动学生人文素养教育的支点，进而实现全面育人，育全面发展的人。

二、项目规划

如何开展"读书嘉年华"项目化学习活动呢？这一问题，我们分三步解决。一是有书可读，二是有时间读，三是有兴趣读。

（一）如何实现学生有书可读

经调查统计发现，我校部分学生阅读量十分匮乏。背后原因有如下几点：①家里没钱买；②家长不重视；③学生没兴趣。阅读的重要性我们都知道，但是由于生活条件的限制，不能给孩子提供一个良好的阅读环境，心里也觉得很对不起孩子。另外由于工作原因，每天陪孩子阅读更是不太可能。在一次随机采访中，学生家长这样回答。而这正是大多数家长的真实写照——他们并不真正了解阅读的重要性，所以他们无法为孩子的阅读创造有利条件。为此，我校利用开放式的图书馆，为学生课外阅读创造了有利条件。我校图书馆是区第一所开放式儿童图书馆，自2014年开馆以来，营造了浓厚的书香校园氛围，成为区"全阅读"活动的领军学校。儿童图书馆有五大特色：环境布置梦幻；图书馆没有门禁；师生可自由到馆内借阅、阅读；馆内有学生校内刊发绘本藏书500余册；馆场管理全部由学生自主完成。如今，一个大型图书阅览室、26个班图书角，加上散落在各个楼层通道旁的自由阅读区，一个服务师生阅读的"悦享图书城"已经初具规模。

（二）如何实现学生有时间读

为保障学生的阅读时间，我们主要是采取集中阅读和分散阅读相结合的方式。

1. 将阅读课纳入课表

我们每周专门为各年级开设了课外阅读课，激发学生的阅读兴趣，帮助学生开阔视野，丰富知识，培养和提高阅读能力。阅读课的形式是多样化的。可以是教师进行读书方法指导，可以是学生进行好书推荐，可以是多种形式的美文赏析，也可以是交流读书感受，还可以是享受读书乐趣的读书汇报课。阅读课的地点也是随机的。可以是教室、阅览室，也可以是花坛边、树林里，只要学生们喜欢读书，愿意上阅读课，我们便无须拘泥于形式。

得法于课内，得益于课外。此外，为全面贯彻落实党的教育方针，推进素质教育的进一步实施，促进小学生健康快乐成长，我校积极督促教师提升课堂教学质量，严格控制课外作业的难度和总量，给学生留出充足时间，让他们在轻松愉快之中去进行阅读、去接受新知识。每天布置不少于30分钟的课外阅读家庭作业，并形成常规。

2. 教学生利用好"碎片"时间

鲁迅先生曾说："时间就像海绵里的水，只要你愿意挤，总还是有的。"分散阅读时间主要包括以下几个时间段：学生早上到校到晨读这一时间段；午休时间；放学等待家长接走这一时间段。上述三个时间段里，教师忙于其他工作不便组织学生统一阅读，学生可以安静地坐在公共阅览区或者教室内阅读，既增加了阅读时间，又提升了阅读量。

（三）如何实现学生有兴趣读

心理学认为，直接兴趣是对活动本身感兴趣，而要培养这种直接兴趣，就应使活动本身丰富而有趣。"读书嘉年华"项目化学习的最终目的是提高学生阅读的兴趣，我们只有设计开展丰富多彩、有声有色的阅读活动，让学生在活动中感受书香，体验快乐，才能使他们真正爱上阅读。

三、项目实施

每年4月，我校都会举行一次读书嘉年华活动，着力将其打造为学生感受阅读乐趣、家长分享校园生活、社会了解校园文化的重要平台。

第一阶段是启动阶段，读书嘉年华活动在充满创意的"我从书中来"角色扮演走秀活动中拉开序幕，各年级师生及家长代表会化身古今中外经典图书中的人物形象，有从四大名著中走出来的孙悟空、曹操，也有从童话故事中走出来的白雪公主、青蛙王子，也有维护正义、集智慧于一身的福尔摩斯……一个个惟妙惟肖、俏皮可爱，现场掌声如潮，笑声不断。嘉年华中还有分级部开展的"快乐阅读""诵读经典"等环节。孩子们手捧心爱的书籍，找一处最舒适的爱心书窝，用一个最舒服的姿势，细细品味阅读的乐趣。

第二阶段是主题活动阶段，有一至二年级的经典诵读活动和四至六年级的共讲好书活动。

（一）经典诵读活动

1. 参加对象

一至二年级学生。

2. 活动内容

（1）选取《三字经》中的片段进行背诵，可以进行配乐朗读或者结合快板的方式。

（2）我是讲故事小达人，组织一至二年级各班2名学生在学校展示。

（二）共讲好书活动

1. 参加对象

四至六年级学生。

2. 活动内容

（1）四年级举行"我讲数学家的故事"。班内初选，推选2名选手参加级部展示。（每名参赛选手用时不超过5分钟）

（2）五年级举行"四大名著经典分享会"。展示形式多样，学生可以根据自己对四大名著的阅读所得，选择一个项目完成。

（3）六年级举行"新书发布会"。学生通过活动，介绍自己阅读的图书的基本情况，同时也要介绍图书的推荐理由和个人感悟。

附1：

一年级"读书嘉年华"活动方案

书籍是历史的浓缩，是人类文明的精华。读书，是人们重要的学习方式，是人生奋斗的航灯，是人类文化传承的通道，是人类进步的阶梯。学生在大量的阅读实践中丰富知识，开阔视野，在感悟祖国语言文字博大精深的同时悟出人生真谛，弘扬人类优秀文化，汲取向善向上的精神力量。本次读书嘉年华活动以学校读书节为载体，努力营造书香班级，让阅读成为学生生活中重要的组成部分。

一、活动目标

（1）引导学生读好书，与好书为伴，培养良好的读书习惯，争做"读书小状元"。

（2）促进"向善向上"校园文化建设，为创建学习型学校而努力。

（3）开阔学生的眼界，拓宽他们的知识面，提高他们的审美情趣和人文底蕴，塑造健康、文明、向上的学生形象。

（4）通过阅读让传统文化的种子在孩子们的心中生根发芽。

二、活动主题

从小种下一颗阅读的种子——读经典诵经典说经典。

三、活动时间

5月6日—5月17日。

四、活动背景

依据一年级下册课文《人之初》以及一年级下学期晨诵内容《三字经》，我们特此推出本次读书嘉年华活动主题——读经典诵经典说经典。《三字经》是我国古代具有最广泛影响的蒙学教材，是一部集人文科学与自然科学于一身的既富知识性又有趣味性的儿童启蒙读物，相传是南宋学者王应麟所著。全书380句，采用每句三字且押韵的方法，便于幼儿熟读成诵，在千余字的书中，最大限度地涵盖了历史、地理、自然、人伦等知识。古人曰："熟读三字经，便可知天下事，通圣人礼。"由此可见，《三字经》在教育中的重要地位，在当今，《三字经》也有非常重要的教育意义，特别是幼儿启蒙教育，蕴含着丰富的幼儿启蒙教育故事，以及认字释义、文明礼仪和传承文化等方面的语文教育思想。

五、活动方式及评价标准

1. 我是朗诵小能手

（1）选取《三字经》中的片段进行背诵，可以进行配乐亲子朗读，或者结合快板的方式。每个班级选出5名朗诵小能手参加校级评选。

（2）评价标准：声音响亮，吐字清晰，读音准确。朗读正确，流利，表达自然，能正确地把握文章内容，恰当地运用停顿、重音、语调、语速、语气等语言技巧，读出文章的韵味。穿着整洁，态度自然大方，有礼貌，站直身体。

2. 我是讲故事小达人

（1）《三字经》是中国的传统启蒙教材。这本书中哪一个故事让你印象最深刻，哪一个人物让你铭记于心呢？把他们的故事讲给我们听吧！每个班级选出5名故事小达人参加校级评选。

（2）评价标准：故事主题鲜明，内容须取材于《三字经》。语气、语调、语速适宜，吐字清晰、准确。语言流畅，无忘词、卡壳、冷场现象。故事内容完整，表达连贯，情感真挚，且富有感染力。仪表自然大方，体态语适宜恰当。

六、奖项设立

1. 朗诵小能手

校级一等奖5名，二等奖5名，三等奖10名。

2. 讲故事小达人

校级一等奖5名，二等奖5名，三等奖10名。

附2：

五年级"读书嘉年华"活动方案

一、活动目标

五年级语文课本中有经典名著单元，为了激发学生的阅读兴趣，也为了推动学生对中国四大名著深入探索，所以本次读书嘉年华活动围绕四大名著展开。

二、活动主题

"可听、可看、可玩的四大名著"。

三、活动内容

（一）自选模块

根据自己对四大名著的阅读所得，选择一个项目完成。

（1）漫画故事中的人物或者经典故事的场面。

（2）制作精美的人物关系图。

（3）绘制大事年表。

（4）写读后感（有自己的观点，并能展开说明）。

（二）竞选模块

1. 少年讲坛

（视频）根据自己的情况，选择一种方式，报名参加。

（1）根据自己对四大名著的了解和思考，选择一个话题，录制视频讲一讲。如"我看诸葛亮""为什么有九九八十一难""红楼梦中的古诗词之我见"等。

（2）选择喜欢的影视情节进行配音。

（3）像讲评书一样讲一段故事。

2. 要求

视频开头先介绍自己：几年级几班+姓名，开讲的题目是什么。

3. 温馨提示

可以先写好文字稿，多练习几遍再开始录制。

四、活动时间

1. 活动准备

4月17日下发方案，4月21日之前收集作品。

2. 活动举行

4月23日上午。

3. 活动形式

线上展播。

五、活动内容

（1）班内展示优秀作品。

（2）级部展示优秀作品。

（3）学生评选班和级部优秀作品。

四、项目总结

"读书嘉年华"项目化学习是学校依托图书馆课程倾力打造的集阅读、展示、交流功能于一身的全校读书活动。学校要真正办好人民满意的教育，就必须开展好阅读推广工作，在积极创建书香校园，大力提升学生人文素养的道路上，继续摸索前进，永不放弃。

"读书嘉年华"项目化学习的开展拓宽了学生的阅读渠道，使学生树立起人文思想，促进了校园文化建设，充分发挥了学校图书馆文化育人的功能。

第三节　依托绘本课程，提升人文素养

图书馆课程在绘本阅读教学研究中，依据绘本特点和学情，寻找绘本和课程衔接的契合点，开展了不同形式的阅读和体验活动。学校依据儿童的心理特点及部编教材，梳理出了低、中、高段绘本阅读书目，设计绘本教学课例，开启了绘本教学研究。经过不断实践，与多学科融合，摸索出了"读—演—创—展—写"的绘本教学模式，旨在让儿童快乐地阅读，在阅读中获得学习方法；在快乐中潜移默化，最终点燃孩子们运用语言文字来表达的热情，通过绘本教学提高孩子们听、说、读、问、议、写和欣赏、想象、表演、创作等语文综合运用能力。学校成立的"绘本达人分享会"项目组，进一步激发了孩子的阅读兴趣和创作热情，提升了学生的自主阅读能力和人文素养。

"绘本达人分享会"项目计划书

一、项目概述

为进一步培养学生的创造意识，培养学生的阅读兴趣，提高学生的艺术表现能力和表达能力，经学校研究决定，在全体学生中间开启"绘本达人分享会"项目，让孩子们带上敏锐的眼睛、聪慧的大脑和灵巧的双手，自己来编著人生的著作，并把制作思路与方法和同学分享。其实绘本很早就被纳入了我校教学资源范围，成为整本书阅读非常重要的分支，如绘本阅读、绘本制作等，这些绘本成为儿童哲学启蒙、美学鉴赏等一个非常好的载体。

鉴于此，"绘本达人分享会"项目组更倾向于高年级学生，除了阅读外，项目组组织学生进行阅读后的读写创作，学生用图文结合的形式讲述班级或者家中的故事，"我手写我口"，不但提高了学生的阅读能力，还提高了学生的写作和表达能力。"绘本达人分享会"项目旨在探究如何深度发掘新课标的教学理念，凸显出绘本教学课堂人文性的特征，让绘本教学的各个方面充满浓郁的人文气息，把文章中最精彩的部分展示出来，让学生进行深层次的剖析和解读，通过绘本创作培养学生正确的是非观，使学生真正弄清楚其中的人文主旨，从而实现知识的升华。

二、项目目标

（1）体会绘本语言的表达方式，了解绘本创作的基本过程，初步学会制作方法。

（2）粗略了解各种绘本的艺术风格，学会绘本欣赏的简单方法。

（3）运用画面理解和表达连续的故事情节，呈现动态思维。

（4）乐于与他人分享作品创作及制作方法，倾听不同意见和建议。

（5）形成积极的自我认识与对他人的观念，对合作团队怀有热情，在课堂上积极快乐。

三、项目实施

1. 参观绘本馆，开启兴趣

为引导学生熟悉绘本创作环节，进一步挖掘主题深度，并激发学生的创新意识与想象空间，各年级教师带领班级学生自主参观一楼图书馆绘本馆，欣赏往届绘本大赛获奖的作品。

2. 分享智慧，绘本读写培训

由于学校每年加入很多新教师，对原创绘本教学和绘本制作流程不熟悉，因此每年的9月便固定成为绘本教学培训月（见图5-3-1）。

图5-3-1

3. 绘本达人分享会

高年级学生已经有了制作绘本的一定经验，邀请学校往届绘本大赛获奖的学生给一、二年级学生分享经验，在四楼多媒体开展三期"绘本达人分享会"（见图5-3-2）。

图5-3-2

绘本创作分享会让更多的孩子参与进来，收获创作的方法和灵感。

附1：

绘声绘色，慧品慧享
——绘本达人分享活动方案

我们一年一度的原创绘本大赛活动如期而至，大家都知道绘本把快乐带给儿童时，也把无可估量的巨大精神财富带给了他们，为他们建造起了自由的精神空间与心灵家园。由于学校已有多年的绘本教学经验，高年级学生也有了一定的制作小窍门，于是本届原创绘本大赛活动以"绘声绘色，慧品慧享"为主题开展系列活动，具体方案如下。

一、参观绘本馆，开启兴趣

9月3日，学生参观绘本馆，欣赏历届绘本大赛获奖的优秀作品。

二、分享智慧，绘本读写培训

由于我们学校加入了很多新教师，他们对原创绘本教学和绘本制作流程不熟悉，学校定于9月30日上午第三节课开展培训。

三、组织获奖学生参加插画展

组织百余名学生到山东书城参观布拉迪斯拉发国际插画双年展。

四、绘本达人分享会

12月4日，在四楼多媒体教室开展三期"绘本达人分享会"。

五、绘本创作大赛时间

制作时间：国庆长假。

10月8日，教师收齐作品，进行筛选，10月9日上午放学前把参赛作品交给学校，择日进行评选、发奖。

附2：

绘本达人分享演讲稿

小绘本　真情感　大世界
——我的绘本创作心得交流

尊敬的老师们：

　　下午好！

　　提起绘本，相信每位老师都不陌生吧！绘本顾名思义就是"画出来的书"，指一类以绘画为主并附有少量文字的书籍。绘本起源于西方，专家认为是最适合孩子阅读的图书形式。绘本，图文并茂，"字里有乾坤，画里有世界"。我平时比较喜欢的绘本有《你看起来好像很好吃》《大卫，不可以》《猜猜我有多爱你》等，正是因为这些绘本，我度过了快乐充实的低年级时代。

　　由于在平时经常阅读绘本，我知道了很多反映人间真善美的故事，也明白了很多道理，因为爸爸妈妈也很喜欢阅读绘本，于是从一年级开始，在他们的帮助下，我也尝试自己创作绘本。我创作的第一本绘本是《小画眉鸟》，这本绘本主要讲一个小女孩捉住了一只画眉鸟，并且把它关在了笼子里，小画眉鸟失去了自由，最后死去的故事。这个绘本告诉我们：自由比生命更重要，失去自由的生命是不快乐的。我创作这本绘本的灵感就是有一次我和妈妈逛公园，看到公园里，一些爷爷提的鸟笼里有很多小鸟，这些小鸟虽然丰衣足食，但是眼神中流露的并不是快乐，它们渴望蓝天，渴望大自然，于是回家后，我便在妈妈的帮助下创作了《小画眉鸟》这本绘本。

　　我们把自己的所见所闻写出来，配上几幅图画，做绘本，是不是很简单呀！

　　我们小学生的好奇心较强，对生活中的动植物充满了兴趣，也乐于观察生活中动植物的生长变化。所以，我认为观察一些动物和植物是绘本创作的一大题材。例如，我们可以观察植物的生长变化，以《珊瑚豆成长记》来写观察日记，再搭配上图画就可以了。

　　我们的内心世界丰富细腻，但我们对于情感的正确抒发和表达却缺乏正确的途径，对于情感的记录更是无从谈起。所以，绘本也是我的一种情感表达的方式。在生活中，我的喜怒哀乐可以作为绘本创作的又一大题材。在绘本中，我们可以表现几种情绪的变化过程，又可以翔实记录某一情绪从产生到消除的完整过程。例如，对于同学之间友谊的渴望，我创作了《永远永远的朋友》这本绘本，借助绘本中塑造的两只小熊，表达我对同学之间纯真友谊的向往和理解，由于我是怀着喜悦的心情创作这本绘本的，所以，我涂的颜色有红色、绿色、棕色，周围还搭配上美丽的花边。这样，通过绘本创作，我们既能了解自己的内心世界，也能更好地认识自我，更好地与人相处。

在绘本创作中，有时候，我会先想出故事大意，然后根据我的构思来分好段落，一共需要几幅图片来搭配，在画图画的时候，我一般都是抓住这一个场景最主要的情节，突出主人公的特点就可以了，不用面面俱到，也不用把图画画得太满。在涂色的时候，也会与故事情节相关联，一般喜悦的就会运用比较亮的色彩；如果表达的是沉重的主题，就会用灰暗的色彩，这样图文并茂就会更加吸引人，给人留下深刻的印象。

小小的绘本，真实的情感，带我们认识大大的舞台！

谢谢大家！

（张静涵）

四、项目总结

"绘本达人分享会"项目在充分发挥图书馆育人功能的基础上，使学生习得了绘本制作的方法，提高了学生的语文素养和人文素养，让学生爱上语文、学会写作，有着立竿见影的作用。在浓郁的书香氛围中，在那些有趣的绘本故事的熏陶下，学生们对阅读、写作的热情更加高涨，对绘本制作的兴致也日渐浓厚。这与其说是教师的力量，不如说是图书馆强大的育人功效。

第四节　借助创作实践，升华人文精神

实践是人文素养的源泉和落脚点，只有经过不断地实践，学生的人文素养才能够与社会价值的实现联系起来。图书馆课程的课程理念、学习内容、实施过程与小学生人文素养的发展相吻合，有利于升华学生的人文精神。学生的创造力与想象力就像宇宙一样，浩瀚无垠，而我校的特色教研活动"绘本教学"，仿佛给同学们开启了一扇美好童年的窗口，良好的课堂学习气氛能够充分调动和激发学生的学习热情，让学生充满活力地去探究学科知识，找到更好的方法解决学科知识中的难题，学生创造的天性就在潜移默化中受到启发，进一步提高学生的人文素养。"我为绘本做代言"项目化学习就给了学生一个展示创造力天性的平台。

"我为绘本做代言"项目计划书

一、项目概述

"我为绘本做代言"项目旨在培养学生细心观察、会分享、会展现、会合作的能力和技能，并使学生在活动中获取知识，发展语言理解、倾听与表达的认知能力。同时可借助本次活动启发学生的听、说、读、写、画等多元智能，让学生从"做一本绘本、分享一本绘本"去爱上生活、爱上自然。

二、项目规划

首先学校召开教研组会议，教研组长对全体教师进行针对性的指导。然后语文教师对学生进行绘本创造和分享的指导，激发学生对绘本制作和分享的热爱与向往之情。

三、项目实施

1. 在本班班级群进行绘本展示活动

（1）每班将同学们自制的绘本在班级群里进行展示，形式不限，并把作品进行整理分类。

（2）注意积累过程性资料：封皮——目录——活动计划——过程性资料（包括活动程序主持词、活动照片、学生的解说词、学生的活动反思等）——评选结果——总结（按以上顺序装订）。

（3）推选出精品绘本，教师再加以指导，参加校级绘本分享活动。

2. 品绘本全校进行展示活动

（1）每班的获奖绘本利用学校平台在网络上进行展示。

（2）全体学生、教师进行投票。

（3）统计小组统计评选结果，按低、中、高年级评选出"小小绘本家"，并颁发奖状。

（4）展示平台：班级群、学校资源平台、网站、微信公众号。

附1：

"我为绘本做代言"活动材料（见图5-4-1至图5-4-5）。

图5-4-1

图5-4-2

图5-4-3

图5-4-4

图5-4-5

四、项目总结

通过这次活动，我校各年级学生对于绘本阅读和制作的兴趣被激发与调动，学生能够积极参与，并提高了动手能力和阅读能力。本次活动，学生共制作绘本800余册，分享绘本视频50余个。获奖作品更是达到200余册，学生在做绘本、展绘本的过程中阅读能力和语言表达能力都得到了提升，绘本背后蕴含的丰厚人文精神在学生广泛阅读不断积累内化的过程中，使孩子们的人文素养得到了升华。

第五节　规划社团课程，丰盈人文情怀

人文情怀对于小学阶段的学生来说，可以理解为对人类遗留下来的各种精神文化现象的高度珍视，对理想人格的肯定和塑造。同学们从小就通过看、听、读等途径接触了很多经典故事，并通过家长、教师的讲解和自己的理解、消化，对其中的感人情节以及人物的优秀品质心向往之，其实这就是阅读的力量、榜样的力量。如何将这种阅读收获内化成他们自身的能量，从而上升至一种精神层面的传承？学校自建校之初便利用周三下午一、二节课的时间开设了丰富多彩的社团课程，其中"童话梦工场"社团在老师们的精心规划下，通过读、演等多种形式，将一个个经典故事搬上舞台，通过他们的真情演绎，去影响和带动更多的人成为榜样人物。

"童话梦工场"项目计划书

"童话梦工场"社团根据学生的性格、年龄、能力特点综合评估，通过招募、角色PK赛等方式确定社团成员名单，学生通过阅读或者观看与故事相关的各种资源，来获取对故事和人物的初步感知。课堂上通过反复排练，深化对角色的认识。最后加上个性化的理解，展示出来。这种闭环式的社团课程，对学生的理解能力、交流能力、表达能力、组织能力以及对美的感知能力都有很大的促进作用。这样的社团课程以一种有趣的方式丰盈着学生的人文情怀。以下是该社团的具体操作流程。

一、创编剧本

创编剧本是基础，首先由学生选择确定一个最喜欢的童话故事，再由所有学生和教师一起，根据生活实际，发挥想象创编剧本，可以加入幽默有趣的情节、动感十足的舞蹈，甚至可以使用频率较高的网络词语。

我们还会通过现场调查，了解社团成员的特长情况，为剧本的演绎增加亮点。比如，有的学生钢琴弹得很棒，我们就会让该生尝试编曲，为新剧本配乐；有的学生擅长播音主持，原计划中的旁白就会由录音改为现场主持。总之，我们会根据社团成员的特点和特长来进行剧本的创编与演绎。其实创编剧本的过程，于无形中就深化了学生对故事的理解，为后边的排练奠定了基础。

二、选择角色

接下来是招募演员，首先选择自己喜欢的角色进行初选，如果有多人选择了同一个角色，那就要通过朗诵、表演进行竞争，优胜者入选，淘汰者再选择其他角色。因为有竞争，所以大家在初选之前会对各个角色进行细致分析，这也大大提高了角色选定的效率。这种竞争机制无疑锻炼了学生的角色适应能力。角色选定后，老师会专门拿出三节课来教授表演技巧。

三、道具准备

道具的准备绝不是一件简单的事情，道具不仅要与故事情节和人物特点相契合，还要趣味十足，才能吸引观众的眼球。对于道具是购买还是定做，社团的学生们有自己的想法，他们觉得自己做出来的道具更有个性，更新颖，更独特，社团老师会尊重他们的想法，并任由他们独立组织，进行道具准备工作。事实证明，学生的能力真的不可估量，他们分工明确，各司其职，自己动手制作的道具确实更受欢迎，如《新白雪公主》中的斧头、镜子等。这样的参与形式相信会永远记在他们的心里。

四、剧本排练

排练过程中教师进行具体指导，包括对话语言、表情动作、舞台站位等，但是这样的指导不能代替学生自己的独特感受与表现。老师们往往会尊重学生的个性表演，并且通过列举生活中的相关事例进行细致引导，为的就是让更多的学生在联系生活经验的同时，展现自己的个性理解。

五、演绎儿童剧

该社团自创立之初，至今已经排练过无数个经典绘本故事和童话故事，如《牙齿大街的新鲜事》《白雪公主》《绿野仙踪》……同学们在一次次的排练与演出中，各种能力得到了锻炼与提升。今后还会阅读更多的经典故事，并通过教师的帮助，社团或班级小组的相互协作，创作更多优秀的舞台作品呈现给大家，让更多的人爱上阅读，加入"童话梦工场"的队伍中，成为勇敢、自信的小演员。

六、评价儿童剧

评剧就是对学生在儿童剧中的语言、动作、表情和道具的使用等进行评价。每次表演结束后，都有一个评剧的过程。评剧可以采用教师评、观众评的方式，还可以是演员的自评与互评。总之，无论采用哪一种评价方式，都是为了使下一次演出更加精彩。以下是排练过的部分剧本。

附1：

《鸣虫乐队》绘本新编剧本（一）

三年级（1）班　邓安辰

角色：

蚂蚁先生（剧院团长）；螽斯（鼓手）；纺织娘（键盘手）；蟋蟀（贝斯）；蝈蝈（吉他）；蝉（歌唱家）；蜜蜂（舞蹈）

第一幕

旁白：蚂蚁剧院开张了，可是还没有找到合适的演员。蚂蚁先生急得团团转。

（蚂蚁先生忧愁又着急地上台）

蚂蚁先生："我的蚂蚁剧院开张了，可是还没有合适的演员。这可怎么办呢？"（边走边围着舞台来回转圈）

蚂蚁先生（忽然一拍脑袋）："哎，有了，朋友们不正是优秀的乐手吗？我去请它们来演出。"（高兴地下台）

（蟊斯家，蟊斯正在激情澎湃地打架子鼓）蟊斯："我的鼓声真响亮，没有谁能比得上我敲鼓的水平了，哈哈哈！"（边敲边得意地笑）

蚂蚁先生："蟊斯老弟，你的鼓打得可真好啊！我的剧院正缺少一名鼓手，你愿意来帮助我吗？"

蟊斯（欢快地）："谢谢你的夸奖，我很乐意。"

第二幕

纺织娘的家：纺织娘正在优雅地弹琴。

纺织娘（陶醉地说）："我的琴声优雅悦耳，真是'此曲只应天上有，人间能得几回闻'！"

蚂蚁先生（拍着手走上台）："纺织娘妹妹，你的琴声可真动听啊！我的剧院正缺少一名键盘手，你愿意加入我的剧院吗？"

纺织娘（高兴地说）："谢谢你的夸奖，那再好不过了！"

第三幕

蚂蚁先生又来到蟋蟀家。蟋蟀正准备出门去找蚂蚁先生，正好在门口相遇了。蟋蟀看到蚂蚁先生来了，非常高兴。

蟋蟀（急切地说）："蚂蚁老兄，欢迎你来到我家。听说你开了一个剧院，我能加入你的剧院吗？"

蚂蚁先生（喜出望外地说）："噢！太好了，我真是求之不得。你的贝斯声婉转悠扬，有你的加入，我的剧院一定票房大涨！"

蟋蟀（谦虚地说）："谢谢你的夸奖，我还得继续努力。"

第四幕

蚂蚁先生高高兴兴地在舞台上盘算着。

蚂蚁先生："现在已经有了鼓手、键盘手、贝斯手，还缺一名吉他手和主唱。我这就去请它们！"

蚂蚁先生来到蝈蝈家，看到蝈蝈正端坐在门前，专心地抱着吉他有力地弹奏着。

蚂蚁先生："蝈蝈老弟，你的吉他弹得真不错，我的剧院正缺少一名吉他手，你愿意加入我的剧院吗？"

蝈蝈："好呀，我非常愿意加入，谢谢你的邀请。"

蚂蚁先生高兴地比了一个"耶"："我又有了一名大将，太好了！"

蚂蚁先生又急匆匆地来到蝉的家，对着正在唱歌的蝉大声说道："蝉老弟，你的歌声是整个草丛里最动听的了，我的剧院正缺少像你这样优秀的歌手，我诚挚地邀请你加入我的剧院。"

蝉掐着腰傲娇地说："我才不去你们那个小乐队呢，我要去更大的乐队！"

蚂蚁先生叹了口气："哎！那好吧！我要去找更好的歌手了。"

蝉着急地说："你等等，你不是说我唱歌是最好的吗？不可能有比我唱得更好的了！"

蚂蚁先生："但如果你不上台去，不光没人听到你动听的歌声，而且他们也不会知道你的大名！"

蝉想了想说："那我就勉强去吧！"

蚂蚁先生高兴地笑了，告别了蝉，蚂蚁先生又来到蜜蜂家。蜜蜂们正在跳舞。

蚂蚁先生："蜜蜂小姐，我的剧院缺少一名舞蹈演员，希望你能够加入。"

蜜蜂小姐："好啊，但是我有一个条件！"

蚂蚁先生："什么条件，请说说看。"

蜜蜂："我要带我的好姐妹们一起加入！"

蚂蚁先生："那再好不过了！"

第五幕

旁白：蚂蚁剧团的"鸣虫乐队"就这样成立了，为了演出成功，他们一起加紧练习，可是有一天，却发生了这样的事情：蟊斯和纺织娘嫌弃对方跟不上节奏，吵了起来。

蟊斯（气鼓鼓地说）："纺织娘，你怎么回事，你的节奏太慢了，根本合不上拍！"

纺织娘（不服气的样子）："是你的鼓敲得太快了吧，你跟大家都不合拍，凭什么说我！"

蟊斯气得指着纺织娘说："那就各练各的吧，看看是谁演奏得不好。"

于是，大家各练各的，优美的音乐声没有了，变成了混乱的噪音。蜜蜂小姐们跳舞时没有了韵律，随便跑来跑去，不时撞到别人。舞台上一片混乱。

第六幕

蚂蚁先生上场。

蚂蚁先生（焦急地说）："快停下，快停下，还有几天就要正式演出了，大家一定不要乱啊！"

蚂蚁先生（又语重心长地说）："朋友们，我们的乐队是一个团队，离开谁都不行。我们需要的是团结合作的精神，只有心中想着大家，互相配合，才能共同把乐曲演奏好。"

它们你看看我，我看看你，不住地点头，蟊斯和纺织娘羞愧地低下了头。

旁白：在接下来的几天里，蚂蚁先生每天都和乐队的成员们一起，不分白天黑夜地练习着。（大家井然有序地练习着）

观众：草丛里的朋友们都买票来观看演出。

众人：演奏《你笑起来真好看》。

旁白：演出的日子到了，草丛里的朋友们都买票来观看演出。（舞台上乐手们各司其职，配合默契）

旁白：在大家的共同努力下，乐队演奏出美妙的乐曲，再加上蜜蜂小姐们优美的舞姿，大家都拍手叫好，演出取得了巨大的成功。

众人：领导发奖杯，众人高兴地蹦跳、拥抱。

旁白：同学们，任何一个团队都离不开人与人的合作、配合，让我们在各自的班集体里团结合作，为班级赢得荣誉吧！

剧本分享——《新白雪公主》剧本

旁白：很久很久以前……嗯，到底多久嘛我也不知道。一个美丽的王后生了一个可爱的女儿，因为脑袋有点白，所以就取名为白雪公主……可是王后不久就得病去世了，国王娶了新的王后……

第一场

（瞧那新王后大摇大摆地迈着鸭子步走来）新王后：哈哈！知道我是谁吗？我就是那美丽如花，天生丽质，能说会道的如花！唉……王后的生活真无聊，还不如我以前当女巫时候有趣……以前无聊还可以骑着扫帚出去玩，可是现在每天却要对着那个老不死的国王和讨厌的公主，真是烦死人了！（对着观众抱怨）

新王后（走到镜子前）：镜子，镜子，我问你，谁是世界上最美丽的女人？（摆弄姿色）

魔镜：这个……那个……嗯……呃……大概……也许……可能……

新王后：你结结巴巴的干什么！以前不是每次都很干脆地回答说我才是世界上最美丽的女人吗！莫非是今天感冒了？嗓子发炎？扁桃体病变？还是……来来来，我这有西瓜霜含片！

魔镜：我我我……我……（不停地摆手）

新王后：哎……真可怜啊！（似哭非哭）

魔镜：那个……我没有生病啦！以前最美丽的人是王后您没错啦……可是现在世界上最美丽的那个人是白雪公主，她比你美丽一千倍，不要砸我不要砸我，我只是实话实说啊……

新王后：你说什么？！白雪公主？！不可能！我在这无聊的王宫里就只有美貌可以炫耀，可是现在居然这点安慰也没有了！哼！白雪公主吗？！来人，去叫那杀猪的来！

猎人：王后您好。我是宫廷（tíng）御用杀猪人。

新王后：你给我听着，你要替我去办一件事。

猎人：是的王后，请您吩咐。

新王后：去把公主杀了，我不想看到她的脸，然后带她的心和肝回来给我！

猎人：白雪公主？您是说要杀了白雪公主……

新王后：怎么？不愿意？！

猎人：不不不，我这就去。

新王后：这下全世界又是我最美了，哈哈哈……（双手叉腰大笑）

第二场

猎人：公主，对不起了，是王后要我这样做的，我也没有办法……（手持大刀）

白雪公主：大叔，请你不要杀我吧，如果王后不想见到我，那我就跑得远远的，再也不回来了……呜呜呜呜……

猎人：嗯，既然你这么看得起我老（某），公主你快逃吧，我只能牺牲我那可爱的小猪！（拍拍胸脯）

白雪公主：啊，谢谢您。（退场）

第三场

旁白：白雪公主是个心地善良的女孩，把关心别人当作自己的快乐。

白雪公主：哎呀，老奶奶，您小心啊！

女巫：姑娘，谢谢你，你叫什么名字？

白雪公主：我叫白雪公主，您受伤了吗？

女巫：啊！我的腿受伤了！

白雪公主：跌倒损伤，快使用云南白药，一喷就好。

女巫：听着猫咪，我忍你了很久了，竟然还敢在话剧中插播广告！

白雪公主：你……你要干吗？人家还是女孩子呢！

女巫：哈哈哈哈！我就是传说中的奥特曼，今天就要结果你。

白雪公主：老虎不发威，当我是Hellokitty啊？我要代表月亮惩罚你！

白雪公主：好累啊，真想有个地方休息一下……前面有一个漂亮的房子！

白雪公主：请问有人吗？啊！这么多菜啊，这得几个人吃啊？！我就在这里休息一下吧。（坐在一把椅子上做睡觉状）

旁白：天黑了，主人结束了一天的卖菜生涯，回家了。

A：今天碰到个老妈子，我说青菜2块一斤，我说不过她，结果2角就买走了！

B：哎……谁让你这么笨！

C：啊！有鬼！

D：干嘛呢，干嘛呢，瞎嚷嚷啥！哪来的鬼啊！妈呀！鬼呀！

E：怎么了？出什么事了？

C，D：有鬼！

F：是一个女孩儿！（走近公主）

白雪公主：（醒来）你们？你们是谁？

G：我们还没问你你是谁呢！我是卖芹菜的老（某）。

A：我是卖青菜的老（某）。

B：我是卖萝卜的……

C：我是卖猪肉的……

D：我是……

E：我是……

F：我是……

白雪公主：我是白雪公主，我被我的继母从家里赶了出来，请你们收留我吧！

A：那……好吧。不过你得干活儿。

白雪公主：干活儿？可是……

B：不要说了，好好干，雪儿！

白雪公主：那……好吧。谢谢你们！（卖菜人退场）

白雪公主：从现在起，我要学着做家务了。同学们，你们会做家务吗？不会做的一定要学习做家务啊！（退场）

第四场

新王后：镜子，镜子，我问你，谁是世界上最美丽的女人？

魔镜：当然是白雪公主了！呃，说漏嘴了……（捂嘴）

新王后：什么？！白雪公主不是已经死了吗！我非要宰了那个杀猪的不可！坏了，我忘了那个杀猪的名字了，那个该死的名字那么长！

旁白：看来这长长的名字还真有用。

新王后：哼，这次要我亲自出马了！

旁白：在森林的小屋里，大家都出去卖菜了，留下白雪公主在家里学习做家务。

白雪公主：做家务真的很辛苦啊，从早上到现在都已经三个多小时了，我连一张桌子还没有擦完……

新王后：有人在吗？

白雪公主：咦？一定是搞推销的，说不定有什么好吃的呢！

新王后：嘿嘿，这个笨公主。我不是推销的，是来推荐几种特别特别好的东西的哦，错过了会后悔的……（偷笑）

旁白：还不是推销的。

新王后：啊，美丽的小姑娘，我这里的东西都是为美丽的你所特别准备的哦！

白雪公主：都有些什么啊？

新王后：看看这条丝带，这可不是一般的丝带哦，这是条戴上以后会使人变得超级漂亮的丝带哦，会使你闪闪动人……

白雪公主：我不戴丝带也很漂亮了……这个我不需要……

新王后：居然不要，我本来想用带子勒死她的……不要丝带没关系，看看这个，这把梳子可不是一般的梳子哦，它会使你的头发头屑去无踪，秀发更出众……

白雪公主：可是人家没有头屑……这个……我也不需要耶……

新王后：啊，我辛辛苦苦弄来的有毒的梳子她也不要，哼，只好用最后一招了！不要梳子没关系，来看看这个苹果吧，这个苹果，这个苹果它……

它……糟糕，忘记编词了……

白雪公主：啊，苹果！我擦了三个小时的桌子累死了，就想吃个苹果！啊！

新王后：哈哈！她吃苹果了！吃苹果了！

旁白：说也奇怪，雪儿吃了半个苹果，居然没事儿。

白雪公主：呵呵，真好吃，谢谢你，老奶奶。

新王后：什么什么什么！她叫我老奶奶？气死我了！怎么还不死啊！

旁白：新王后终于忍不住了，一把抢过苹果。

新王后：我就不信了！怎么还不死！

旁白：新王后大口大口地吃起苹果来了。

魔镜跑出来：王后王后！忘了告诉你那个苹果只有半个有毒！

（王后一下子坐在地上，大哭起来：我的妈啊！王后一下子晕倒在地上，大家围在王后旁边）

A："白马王子，快来，快来呀！"

旁白：传说中的白马王子出现了。（背景音乐）

白马王子：有什么事吗？

白雪公主：这位老奶奶晕倒了，请你救救她吧！

白马王子：什么，你还要救她，她可是想杀了你的新王后呀，你确定要救她？

白雪公主：不管是谁，我都要救她。

白马王子：那好吧，一起跟我念吧：希望新王后可以苏醒。（新王后慢慢起来）

新王后：白雪公主，谢谢你救了我，我却想害了你，对不起。

白雪公主：不用谢，这多亏了白马王子，你应该谢谢白马王子。

白马王子：不用了，这是我应该做的。哦，对了，既然八个小矮人收留了白雪公主，就应该有奖励，说，你们想要什么？

C：我想要一副能"喂喂"的手机。

白马王子：给，给，给。

E：我想……

D：我想……

大结局

旁白：最后，白马王子和白雪公主快乐地生活在一起。谢幕剧终。

童话梦工场

"童话梦工场"社团的孩子们正在进行展示（见图5-5-1）。

图5-5-1

学生的成长离不开老师们的辛苦付出，为了让更多的孩子爱上阅读和表演，老师们多次到新华书店进行"享·创·乐公益阅读推广"活动。通过一次次的热情分享，更多的小朋友和大朋友对阅读有了更深的理解，更多的人行动起来，成为书海中的遨游者，阅读已经成为他们生命中不可或缺的一部分。以下为课题组朱秀芳老师进行分享的具体教学设计。

附2：

《猜猜我有多爱你》教学设计

一、教材分析

有一只小兔子，它仰起天真的脸蛋，对大兔子说："猜猜我有多爱你？"这是一本薄薄的小书，浅浅的蓝、绿、黄色的水彩，描绘出了一个简简单单的故事。大兔子用智慧赢得了比赛，可小兔子用它的天真和想象赢得了大兔子多出一倍的爱。整部作品充溢着爱的气氛和快乐的童趣，是一部经典绘本。

二、教学理念

苏霍姆林斯基说："阅读，这是一个富有智慧而又善于思考的教师借以通向儿童心灵的门径。"亚米契斯说："爱是教育的灵魂，只有融入了爱的教育才是真正的教育。"

在这个独生子女为主的时代里，在这个教育日益被重视的社会中，"让孩子喜欢阅读""教会孩子爱"，应该成为每一位语文教师认真思考的问题。所以，我选择了这样一本简单温馨的图画书，献给初入小学，已具备一定识字量，萌发了一定阅读愿望的一年级的孩子们。

三、教学目标

（1）学会阅读图文并茂的图画书。

（2）激发学生对绘本的阅读兴趣。

（3）懂得怎样把心里的爱表达出来，学会爱他人。

四、教学重点

学会阅读图文并茂的图画书；激发学生对绘本的阅读兴趣。

五、教学难点

懂得怎样把心里的爱表达出来，学会爱他人。

六、教学过程

（一）激趣导入，观察封面

（1）今天，老师带来了一本好看的图画书想和你们分享。（出示封面）

（2）这是这本书的封面，请仔细观察，看看你有什么发现？

发现一：书名。

相机板书书名，指导学生把书名读好。

发现二：两只兔子。

猜猜这本书讲的是谁和谁的故事？

发现三：作者。

文/山姆·麦克布雷尼；图/安妮塔·捷朗；翻译/梅子涵。

发现四：出版社。

少年儿童出版社。

（3）过渡：你们从书的封面就发现了这么多，看来仔细观察封面也是我们了解一本书的好方法。说了这么多，我想你们此时一定已经迫不及待地想看这本书了，现在就让我们用掌声有请书中的两位主角上场。（板贴两只兔子的图片）

（二）初听故事，感知内容

（1）教师讲故事，学生初次走进故事。

（2）听了一遍故事，你知道了什么？指名说一说。

（三）图文结合，浸润心灵

1. 第一回合比"爱"

（1）出示图画和句子。

小栗色兔子该上床睡觉了，可是他紧紧地抓住大栗色兔子的长耳朵不放。他要大兔子好好听他说。"猜猜我有多爱你。"他说。大兔子说："哦，这我可猜不出来。"

① 教师读故事。

② 理解"栗色"（出示栗子图）。

③ 请学生读读小兔子的话。

④ 小兔子有多爱大兔子呢？它们第一次比赛，还记得吗？我们一起来看看小兔子的答案吧！

（2）出示图文。

"这么多。"他把手臂张开，开得不能再开。

① 教师引导学生读故事。

② 看看小兔子的表情，它在想什么？（并不是想超过大兔子，只是想更爱大兔子）

③ 教师读故事，学生做动作。

④ 大兔子是怎样和小兔子比的？（师生共演）

⑤ 指导朗读。

2. 第二回合比"爱"

（1）第一次谁赢了？小兔子认输了吗？小兔子又是怎么做的呢？（指名

回答）

（2）出示图文："我的手举得有多高，我就有多爱你。"小兔子说。

① 教师读故事。

② 跟着教师一起演一演："我的手举得有多高，我就有多爱你。"

（3）大兔子是怎样和小兔子比的？（师生共演）

3. 第三、四、五回合比"爱"

（1）出示其余画面，帮助学生记忆。

小兔子绞尽脑汁，又想了哪些办法向大兔子表达对它的爱，大兔子又是如何做的？请你仔细看看这些图片，想一想。

（2）学生看图说话，相机出示文字，指导学生边读边表演。

（四）拓展延伸，升华情感

（1）小兔子太困了，终于闭上眼睛睡着了。直到最后，小兔子的爱也没能超过大兔子。同学们，谁是你的大兔子呢？

（2）请把你的爱告诉给你的大兔子。出示事物画面，启发学生说出更多的"爱"。用上句式：（　　），（　　）有多（　　），我就有多爱你！

（五）拓展阅读，激发兴趣

同学们，这节课通过阅读《猜猜我有多爱你》，我们送出了爱，也收获了爱。希望在今后的学习生活中，我们班的同学能继续把爱传递，让爱之花开在家里，开在校园里，开在每一个春夏秋冬里。其实，像这样的好书还有很多，如《离家小兔》《好爱好爱你》《爱心树》……可以请你们家的"大兔子"帮你购买。

无论是社团还是分享会，作为老师，我们一直在努力地播种，种下的是阅读的种子，收获的是学生心灵的成长，他们更加自信、阳光、勇敢与坚强……

第六节 持续幸福接力，传承人文内涵

多年来，学校一直致力于打造书香校园，学校图书馆课程的实施，更是让阅读成为每个孩子的习惯，照亮每个孩子，滋养每个孩子，娱悦每个孩子，让每个孩子的灵魂从读书开始。为保障同学们的阅读活动扎实有效地开展，我们每年都会以"世界读书日"为契机，大力推进全阅读，打造一届又一届的"幸福图书接力跑"项目活动，为学生的阅读活动增添了幸福的元素，并通过不懈努力，让这种幸福一直传承下去。以下为该项目的具体内容。

"幸福图书接力跑"项目计划书

一、项目概述

1. 项目目标

通过各种读书活动提升学生的文化内涵以及人文素养。

2. 项目主题

该项目以"幸福图书接力跑"为主题，主要包括以下内容：幸福图书接力、作家进校园、国学小名士等活动。

3. 项目框架

项目框架如图5-6-1所示。

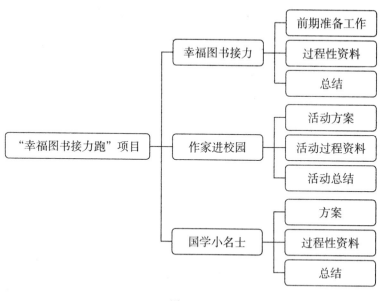

图5-6-1

二、项目规划

1. 准备课程

项目启动准备工作。

2. 交流展示

各项活动有序开展，并将过程性资料进行整理。

三、项目实施

三个活动都要在开展前制订翔实的活动方案，以确保活动顺利开展。以下分别为三个活动的准备工作和具体方案。

附1：

读书节"幸福图书接力跑"活动流程

活动前准备工作：

请同学们每人准备6~8本书，写好书评，口取纸贴标价在原价的旁边，基本打3~5折（一年级不用准备书）。推荐卡片贴到书的扉页。上午六卖给五，四卖给三，二卖给一；下午五卖给四，三卖给二。

图书接力跑的统计表，每个班6~10张，活动结束后，接着统计每个孩子分别买卖几本书，填完后以级部为单位上交。

书香家庭（3人）、达人（3人）、读书明星（5人）的奖状，写好名字，其中家庭和达人，当天再按照班级顺序站位，颁发证书。

环境准备：每班30张桌子，每组4张，安排好分组。

学生物品准备：零钱和钱包、袋子。

中高年级的教师跟孩子们说最好带个记账本，把带来多少钱、花了多少钱、每本书多少钱都记明白了。最后，老师们可以对这个自制的记账本评价一下，这也算是一次数学小活动。

具体位置安排：主席台自南向北：五年级（六年级）、四年级（三年级），一年级（二年级）。鼓励学生自己制作海报或者手工。

"作家进校园"活动方案

一、活动主题

我和作家有个约会（电子屏显示）。

二、活动时间

4月25日上午9点。

三、活动地点

四楼多媒体教室。

四、活动流程

（1）主持人开场。

（2）主持人介绍程晓蕾老师。

（3）作家程晓蕾做"开启想象的灵感之门"专题讲座。（讲座时间约一节课，穿插互动，共计一小时左右）

（4）主持人致结束词。

（5）合影留念，作家签名。

五、活动准备

大屏幕（显示：我和作家有个约会）、背景音乐、活动主持词、学生带书到场（一至五年级的读书明星5名及5名热爱读书的同学）、圆桌、座椅一个、签字笔、红领巾1条、茶叶、热水。

"国学小名士"经典诵读比赛活动方案

为深入贯彻落实习近平总书记关于弘扬优秀传统文化的重要论述，引导广大青少年诵读经典，传承美德，厚植家国情怀。根据省文明办工作部署，市文明办、区语办等部门近期启动2021年度"国学小名士"经典诵读电视大赛，特组织"国学小名士"经典诵读大赛，比赛方案如下。

一、活动主题

诵读经典、传承美德、爱国爱家。

二、参赛对象

全区中小学推荐选手。

三、比赛内容

（1）基础知识：人教版中小学语文课本中的古诗词篇目和国学常识。

（2）《小学生必背古诗词100首》。

（3）山东省第三届"国学小名士"经典诵读电视大赛初选题库。

（4）中华传统美德与礼仪。

（5）以义务教育山东省中小学语文课本中的爱国主义文学篇目为主要内容，增加红色经典作品、齐鲁名家名篇等内容。

四、活动具体安排

1. 发动阶段：6月19日—6月23日

四、五年级参照命题范围，利用语文课、阅读课等载体通过诵读歌咏、风采展示等多种形式，在班级举办多种形式的经典诵读比赛，推荐参加学校比赛。每班5个名额。

2. 组织实施阶段：6月24日—6月25日

校内选拔赛：6月24日

各班举办各种经典诵读比赛，选出5名选手参加初赛。

时间：6月24日上午10：20

地点：四楼多媒体教室

形式：笔试（按30%的比例，选出15人进入复赛）

校内复赛：6月25日

时间：6月25日上午10：10（提前抽签）

地点：四楼多媒体教室

形式：面试

3. 总结表彰阶段：6月25日

对突出的学生进行表彰。选出的2名优秀选手参加区相关比赛。

五、比赛形式说明

校内复赛共分为四个环节：诗词接龙、飞花令、智勇双全、创意诵读。

环节一：诗词接龙

共30道题目，必答题，回答正确得10分，回答错误不得分。

环节二：飞花令

（第一轮学生全部参与飞花令。以组为单位进行第二组抽签，确定飞花令的顺序）每答对一句加5分，答不出者不得分。最终将两轮成绩相加，得出总分，筛选6名进入"智勇双全"环节。

环节三：智勇双全

按照前二轮的排名，确定抽题顺序。题目出自语文课本中的古诗及相关知识。每答对一题得10分。评选出分数最高的4名学生。

环节四：创意诵读

自己选择朗诵篇目，可采用歌曲、舞蹈等辅助形式进行创意诵读，由评委老师负责打分。

国学小名士选拔赛赛程如表5-6-1所示。

表5-6-1 国学小名士选拔赛赛程

时间	内容		地点
8：10—8：20	抽签、分组、发序号		汇侨阶梯教室
8：30—8：35	开幕		
8：35—8：40	领导致辞		
8：40—11：40	小组淘汰赛（主评委判断）	诗词接龙（根据序号依次上台必答）	
		飞花令（六组，每组1号选序号，依次说诗句，每组决出2名选手）	
	统计分数（诗词接龙和飞花令相加）按照总分排名取前12名选手二次抽签		
	小组决赛	智勇双全（题板作答）	
		创意诵读（12名选手全部展示）主评委+副评委共评	
	统计分数、公布名单		
13：50—14：10	抽签、分组、发序号		汇侨阶梯教室
14：15—17：15	小组淘汰赛（主评委判断）	诗词接龙（根据序号依次上台必答）	
		飞花令（六组，每组1号选序号，依次说诗句，每组决出2名选手）	
	统计分数（诗词接龙和飞花令相加）按照总分排名取前12名选手二次抽签		
	小组决赛	智勇双全（题板作答）	
		妙笔生花（12名选手全部展示）主评委+副评委共评	
	统计分数、公布名单		

注：上午8：10开始抽签、分组。

所有活动都不是一时的心血来潮，都是老师们经过提前规划、认真研讨、反复修改、扎实开展的具体工作。目的只有一个，那就是让学生在参与的过程中，不仅收获到知识，更多的是得到精神上的洗礼，以此成就更好的自己。

"第五届幸福图书接力跑"活动

每年的世界读书日这一天，学校操场便成了书的海洋。置身于书海，听展开的声色画卷，寻味隽永的书香，是我们学校最亮丽的风景。

多年来，学校一直致力于打造书香校园，学校图书馆课程的实施，让阅读成为每个孩子的一种习惯，让每个孩子的灵魂从读书开始；为保障同学们的阅读活动扎实有效地开展，我们继续大力推进全阅读，打造阅读课堂，形成了学校课外阅读系列课程。学校连续开展四届"幸福图书接力跑"活动，让书在每个爱书的人之间流转。由书籍点燃的热情，由阅读带来的感动，将会在校园延展。阅读让智慧与思想在不同的人中回响，每次活动都会有60个书香家庭、60位读书达人、100位读书明星脱颖而出。

幸福图书接力活动之后，还会有很多后续活动，会邀请作家进校园和同学们进行面对面交流，一到五年级整班"悦读悦乐"读书嘉年华展示活动，当音乐邂逅诗词，会发生怎样的惊喜呢？吟唱经典、童声书韵、绘本故事大赛、国学经典吟诵，5月，一个个美好的日子将会来临！

"幸福图书接力跑"活动评选标准细则

一、书香家庭评选标准

（1）家庭成员均喜欢读书，有良好的阅读习惯。家长和孩子能共同拟订读书计划，按计划读书。家长能教育并引导孩子多读书、读好书、读整本的书。家中有固定的读书时间与场所，家庭读书活动能做到坚持不懈。

（2）家长能鼓励并督促孩子写读书笔记或做读书摘录，引导孩子在读书中思考人生，认识世界，发表自己独到的见解。家庭成员爱书好学，有一定的家庭文化投入，有较好的文化知识素养，家庭书香氛围浓郁，拥有"家庭藏书屋"和"家庭书架"，有一定的藏书量，有一定数量的适合孩子阅读的课外读物。

（3）能利用家庭藏书，积极参加学校和班级的各项亲子共读活动。

（4）家庭成员读有所获，尤其是在品德修养、教育成长等方面对孩子有较好的影响。

（5）家长经常利用周末或节假日带孩子到书店或图书馆买书、看书，让读书成为一种休闲时尚，成为家庭成员的一种生活方式。

（6）孩子品行表现良好，学业优良。有作品在各级各类杂志刊物上发表，或在各级各类读书竞赛中获奖的优先考虑。

二、学生读书明星评选标准

（1）有良好的阅读习惯和较深厚的阅读兴趣；能在班级或学校发挥"课外阅读"的模范带头作用。

（2）在班级、校级读书活动中起带头作用，好读书，知识面广，阅读能力强；认真阅读学校推荐的阅读书目，经常向学校阅览室、班级图书角借阅书籍，能写较为具体、真实、生动的读后感。

（3）有良好的读书习惯，能每天坚持阅读半个小时以上。

（4）坚持诵读课程标准推荐的古诗文经典诵读内容，低年级学生能背诵15首以上；中年级学生能背诵20首以上，默写5首以上；高年级学生能背诵30首以上，默写10首以上。

（5）读书量大：低年级学生一学期课外阅读总量不少于1万字，中年级学生一学期课外阅读总量不少于10万字，高年级学生一学期课外阅读总量不少于25万字。

三、学生读书达人评选标准

（1）有浓厚的阅读兴趣，经常性开展课外阅读，《阅读手册》或自己的读书卡书写认真，设计精美，在班级摘录评比中获优秀。

（2）积极参加学校组织的各种读书活动，并积极向同学、学校推荐各种优秀书籍，能积极、主动地从事班级图书整理、借阅等管理工作。

（3）在家有自己的个人图书架（角），阅读量大，知识面广，每学期累计读好书10本以上。

（4）中高年级读书达人能向大家推荐一本书，要求使用普通话条理清楚地说明推荐的理由，语言流畅，落落大方。低年级读书达人能向大家讲一个绘本故事，要求故事内容健康向上，讲述流利、有感情，配以合适的肢体语言，富有感染力。

（5）在班级或学校开展的其他读书活动中——如"读书嘉年华""四月好春光，读书正此时"——获得优异成绩。

四、教师读书达人评选标准

个人热爱读书，能带动学生读书、班级读书、学科读书，并取得良好效果。

该项目在学校的大力支持下，在家长的积极配合和同学们的共同努力下，连续五年都开展得非常成功，并得到社会和家长的认可。同学们在参与活动的过程中，阅读范围越来越广，阅读兴趣越来越浓，整个校园的书香氛围更是越发浓厚，各方面能力得到不断提升。每个学生参与其中，积极准备，站在舞台上尽力绽放自己的光彩，那种投入与坚持是任何其他事情都无法替代的。

四、结语

学校开放式图书馆是学校的一道风景线，那里每天都会有小书迷的身影，或站或坐或躺，无论是什么样的姿势，都不会有人去打扰你；或绘本或童话或小说，无论阅读哪一种书籍，都不会有人去干涉你；或稚子或少年，无论上几年级，都不会有人阻止你……这就是我们最爱的——图书馆。

爱读书的孩子一定不会坏到哪里去。只要你想读，就会从书中有所收获；只要你爱读，就能找到所有问题的答案；只要你读进去，就能看到一个不一样的世界和一个不一样的自己……这就是我们最爱的——图书。

怀想历史，感念传统，会让你赞叹中国文化的博大精深，感恩如今的幸福生活……这就是——传承的魅力。

阅读经典，会让你与绘本相遇，与童话相知，与名家相识，与名作相守……这就是——经典的魅力。

读着读着，你发现，自己开朗了，聪明了，勇敢了，自信了……总之，你已在不知不觉中遇见了那个——更好的自己。

这就是——阅读的魅力，也是——图书馆的魅力！

后 记

　　本书是笔者与"小学图书馆课程的构建与实施"课题组成员对研究过程进行梳理和总结的成果，书稿编写期间，得到了山东省教育科学研究院研究员李文军教授的悉心指导，在此表示衷心的感谢！还要感谢"小学图书馆课程的构建与实施"课题组团队的付出，朱秀芳、左蕾、赵丽丽、宋贞、段益莉、艾娜六位老师，她们在课题研究和成果的梳理中付出了大量心血，感谢她们的辛苦劳动！

　　课题研究还在继续，我们会努力借之推动书香校园的建设，以此带动家庭、社区，直至更大范围的阅读，为学习型社会的建设贡献一份力量！